E, por falar em Maria...

Dados Internacionais de Catalogação na Publicação (CIP)
(Câmara Brasileira do Livro, SP, Brasil)

Xavier, Douglas Rodrigues
  E, por falar em Maria – : para conhecer Maria de Nazaré / Douglas Rodrigues Xavier. – Petrópolis, RJ : Vozes, 2022.

  ISBN 978-65-5713-666-9

  1. Bíblia – Ensinamentos 2. Catequese – Igreja Católica – Ensino bíblico 3. Evangelho 4. Fé (Cristianismo) 5. Maria, Virgem Santa – Ensino bíblico I. Título.

22-115700   CDD-232.91

Índices para catálogo sistemático:
1. Maria, Virgem, Santa : Meditações : Cristianismo
232.91

Eliete Marques da Silva – Bibliotecária – CRB-8/9380

PE. DOUGLAS RODRIGUES XAVIER

E, por falar em Maria...

*Para conhecer
Maria de Nazaré*

EDITORA
VOZES

Petrópolis

© 2022, Editora Vozes Ltda.
Rua Frei Luís, 100
25689-900 Petrópolis, RJ
www.vozes.com.br
Brasil

Todos os direitos reservados. Nenhuma parte desta obra poderá ser reproduzida ou transmitida por qualquer forma e/ou quaisquer meios (eletrônico ou mecânico, incluindo fotocópia e gravação) ou arquivada em qualquer sistema ou banco de dados sem permissão escrita da editora.

CONSELHO EDITORIAL

Diretor
Gilberto Gonçalves Garcia

Editores
Aline dos Santos Carneiro
Edrian Josué Pasini
Marilac Loraine Oleniki
Welder Lancieri Marchini

Conselheiros
Francisco Morás
Ludovico Garmus
Teobaldo Heidemann
Volney J. Berkenbrock

Secretário executivo
Leonardo A.R.T. dos Santos

Editoração: Maria da Conceição B. de Sousa
Diagramação: Daniela Alessandra Eid
Revisão gráfica: Nilton Braz da Rocha
Capa: WM design

ISBN 978-65-5713-666-9

Este livro foi composto e impresso pela Editora Vozes Ltda.

Sumário

Apresentação, 7

Introdução, 9

1 O que a Bíblia diz sobre Maria, 11

1.1 Conhecendo Maria a partir dos evangelhos, 12

   1.1.1 A pessoa de Maria no Evangelho de Marcos, 13

   1.1.2 A pessoa de Maria no Evangelho de Mateus, 23

   1.1.3 A pessoa de Maria no Evangelho de Lucas, 31

1.2 A pessoa de Maria nos Atos dos Apóstolos, 39

1.3 A pessoa de Maria no Evangelho de João, 43

1.4 A pessoa de Maria no Apocalipse, 58

1.5 Maria e o Novo Testamento, 61

1.6 Maria e o Antigo Testamento, 63

Vivendo a fé: E o Verbo se fez carne no seio de Maria, 70

2 Maria e a Tradição cristã, 72

2.1 Maria é necessária para a fé?, 76

2.2 Os fundamentos da reverência a Maria, 80

2.3 O devido culto a Maria: diferença entre adoração, honra e veneração, 86

Vivendo a fé: Maria do meu caminho, 91

3 O que é dogma e quais são os dogmas marianos, 93

3.1 A maternidade divina de Maria – Maria, Mãe de Deus – *Theotókos*, 95

3.2 A virgindade perpétua de Maria, 100

3.3 A Imaculada Conceição de Maria, 104

3.4 A Assunção de Maria aos céus, 109

Vivendo a fé: um rosto para Maria, 105

4 Maria do povo de Deus, 117

4.1 Todas as "Nossas Senhoras", 119

4.2 Devemos rezar a Maria?, 123

4.3 As expressões de fé na piedade popular, 130

Vivendo a fé: todas as Nossas Senhoras, 134

5 Maria, modelo de discipulado, 136

5.1 A iniciação cristã por meio de Maria, 136

5.2 Na escola de Maria se encontra Jesus, 141

5.3 Como Maria, e com ela, somos Igreja: discípulos e missionários de Jesus Cristo, 146

Vivendo a fé: todas as Nossas Senhoras, 151

Conclusão, 153

Glossário, 155

Referências, 159

Apresentação

Muito iluminada e oportuna a inspiração de Padre Douglas Xavier em escrever essa significativa e simpática obra catequética sobre Maria. Um subsídio muito útil à fé de quem o ler, mas também será muito precioso para leitura em grupo e comunidades. É um estilo catequético com linguagem simples e direta, acessível a qualquer leitor, tratou o Padre de trazer conceitos teológicos e bíblicos e adequá-los ao leitor menos familiarizado com a teologia e com a exegese. Há bom fundamento bíblico, de rica espiritualidade marial, acessível aos adolescentes e jovens, a quem recomendo a leitura, estudo e aprofundamento. Pode parecer irrelevante para algum cristão "influenciado" o lugar de Maria na fé cristã, na comunidade cristã, como se a devoção e o culto a ela fossem um exagero ou, até mesmo, um prejuízo ou estorvo à genuína fé cristã. Mas, puro engano! É justamente o contrário, Maria nos conduz ao Evangelho porque está no coração dele, desperta o amor, conduz a Jesus Cristo, atrai discípulos para seu Filho, reúne o povo, une a comunidade, consola e anima o coração sofrido do povo, tantas vezes carente de colo e consolo. O amor a Nossa Senhora nos introduz na experiência do amor a Deus, nos impulsiona a conhecer e amar e seguir seu Divino Filho. Maria, Mãe do Verbo Encarnado, é figura e modelo da Igreja que é chamada e enviada por Jesus a encarnar e doar a Palavra de Salvação à humanidade.

Maria é também discípula e missionária, modelo, como se expressa o Documento de Aparecida, pois ela, em seu itinerário de fé, vivenciou etapas, verdadeiras passagens, a saber: de fiel ouvinte e praticante da Palavra, na Encarnação, tornou-se mãe da Palavra, e de mãe, no ministério de Jesus, também se fez ouvinte discípula da Palavra nela encarnada, e de discípula se tornou missionária; por exemplo, no milagre de Caná, quando revelou seu Filho como o Messias, provocando o início de seu ministério, e muitos creram nele, como testemunha o quarto Evangelho: "e muitos acreditaram nele" (Jo 1,11), e foi ainda enviada como Igreja no Pentecostes, sendo presença ativa na missão de testemunha da Ressurreição de seu Filho. Importante, portanto, lembrarmos que a devoção e o amor a Nossa Senhora, ao lado da fé eucarística, do amor e respeito à autoridade do Papa, é uma das notas características da espiritualidade cristã-católica, que sem dúvida tem ajudado a Igreja atravessar milênios sem perder sua identidade e missão como povo de Deus. Assim, o autor desta obra nos ajuda a perceber que o lugar dado a nossa Senhora não vem somente da religiosidade popular (sem desmerecimento desta), mas está biblicamente enraizado, está no cerne da revelação, pela ativa colaboração e participação de Maria na Encarnação, na missão, na Redenção pela Paixão, morte e Ressurreição de seu Filho e Filho do Altíssimo. Eu não tenho dúvida que a devoção à Santíssima Mãe de Jesus é o segredo que fez e faz crescer e manter viva a Igreja católica no Brasil e em toda a América Latina. Pode-se notar até entre protestantes um movimento de volta a Maria. Este livro ajuda a confirmar essa convicção e o amor a Maria como algo legítimo e saudável à fé cristã. De Maria nunca sabemos o suficiente – já disse um místico –, temos sempre que aprender. Obrigado, Padre Douglas, por nos servir a esta causa.

Nihil Obstat

IMPRIMATUR
Dado e passado na Cúria Diocesana de Luz em 02 de junho de 2022.

† José Aristeu Vieira
Bispo Diocesano de Luz

Introdução

Há uma cena que cotidianamente presenciamos em nossas igrejas: alguém com uma criança que entra para rezar. Ali, vai diante do sacrário, reza por alguns minutos e apresenta a criança ali onde está Jesus. Depois, indo em direção à imagem de Maria aponta para a criança e diz: "A mamãe do céu". É assim, de modo afetivo e, por que não efetivo, que muitos recebem a transmissão da fé. Por meio da figura materna, a mãe da terra apresenta a Mãe do céu e indica o caminho para a fé e a religiosidade.

Ainda neste aspecto, basta notar a presença participativa nas festividades do mês de maio – tradicionalmente dedicado a Maria – em paróquias e comunidades pelo Brasil e mundo afora: as coroações, barraquinhas e quermesses, oração do Santo Rosário e ladainhas, por esse meio, pela devoção popular, famílias inteiras receberam as primeiras instruções de fé e se sentiram convidadas a seguir Jesus Cristo.

Com esta obra o leitor é convidado a um itinerário de conhecimento e intimidade com Maria Santíssima. Essa figura tão afetiva, que muito diz a todos os cristãos, tem muito a nos ensinar para além daquilo que já sabemos e vivemos na experiência cotidiana de fé. Afinal, quem é essa Maria? Por que uns a amam tanto e outros a tratam com indiferença? Quais as principais dúvidas e as respostas que procuramos para amadurecer na expressão mariana de fé?

Começaremos entrando profundamente na Palavra de Deus para descobrir o que a Bíblia Sagrada tem a dizer sobre Maria. Se você acha que a Bíblia diz pouco ou quase nada sobre ela, tenho certeza de que você será muito surpreendido!

Em seguida iremos adentrar a Tradição e perguntar: Maria é necessária? Precisamos e devemos rezar a Maria? Qual a diferença entre adoração, culto e veneração? Caminharemos no campo dos dogmas para conhecer o que é dogma. Qual a sua importância e quais e quantos são os dogmas marianos.

E, por fim, descobriremos o que a Igreja ao longo dos séculos guardou e transmitiu sobre Maria em seus Concílios, documentos e constituições. Chegando, ainda, nas devoções populares e costumes do povo cristão.

Há muito que ser descoberto! Há uma pessoa chamada Maria que desde a mais tenra idade todos ouvimos falar, fomos introduzidos a sua presença, mas ainda não a conhecemos em profundidade. Temos até afeição por pela, mas ainda pouca intimidade, pois sabemos pouco quem ela é, de onde veio, o que fez, o que tem a nos ensinar hoje. Vamos descobrir tudo isso?

A educação na fé, e para a fé, de modo popular começa por Maria. Por isso, não podemos fechar os olhos, mas entender como por meio de Maria chegamos seguramente até Jesus. Vamos juntos?

1
O que a Bíblia diz sobre Maria

Para introduzir o assunto, vamos brevemente falar sobre a Bíblia. A palavra "bíblia", por primeiro, era utilizada no plural do vocábulo grego *biblíon*, que significa "livro". Logo, "bíblia" significava, originalmente, coleção de livros. A Bíblia não é um único livro, embora, hoje, se apresente como um único volume, mas são, no total, 73 livros: 46 do Antigo Testamento e 27 do Novo Testamento.

A Bíblia, ou, conhecida pelos sinônimos: a Palavra de Deus, as Escrituras Sagradas, o Livro Santo etc., é a narrativa da experiência de Deus feita pelo seu povo eleito. Entende-se que nas Escrituras se encontra a História da Salvação narrada pela vivência da fé do povo de Deus. Por isso, cada livro da Bíblia foi escrito em um tempo, espaço, época e costumes muito diversos. Cada povo, recontando sua experiência de Deus, parte de seus princípios, devoções, modos de expressar o que viram e sentiram e como experienciaram a ação do Senhor na história de sua gente.

Desse modo, coloca-se a Bíblia no lugar que deve ocupar e lança bases no modo como deve ser lida e compreendida. Não como se lê um livro didático, um jornal, uma revista científica, mas como instrumento para conhecer e viver a fé. E para que isso ocorra de modo pleno basta lembrar que a Bíblia não deve ser lida sozinha, mas sempre acompanhada da Tradição e do Magistério como verdadeiros pilares da fé.

Em uma leitura cristã, toda a Bíblia reporta ao mistério de Jesus Cristo. O Antigo Testamento apresenta um caminho pedagógico no qual Deus conduz e prepara seu povo para a plenitude dos tempos com a vinda do Messias. Olhando sob a ótica da fé cristã se compreende a prefiguração de Cristo já na Antiga Aliança por meio de Adão, Moisés, o Servo Sofredor etc. Há também referências à Igreja como o povo de Israel, o Templo Sagrado, o povo de Deus etc.

No Novo Testamento a centralidade total está em Jesus Cristo. Os evangelhos, as cartas e outros escritos têm como tema central o mistério da salvação que se encerra no querigma, ou seja, na paixão, morte e ressurreição do Senhor. Alguns estranham, talvez, porque a Bíblia não responde tudo, não explica tudo, não fala sobre tudo e sobre todos em detalhes. Ora, o centro da História Soteriológica é a revelação do Pai, na pessoa do Filho, pela ação do Espírito Santo. Tudo o mais, gravita ao entorno.

No entanto, como a Bíblia narra a experiência de fé, assim como Jesus acontece com Maria. De fato, as Sagradas Escrituras são o caminho mais seguro para conhecer Maria, pois tudo o que se fala de Jesus, encontramos nos Textos Sagrados, referências a Maria. Aliás, a Bíblia Sagrada fala mais de Maria do que muitos imaginam. Que se abram os Evangelhos!

1.1 Conhecendo Maria a partir dos Evangelhos

Com a Bíblia em mãos verificamos que no Novo Testamento há quatro evangelhos: Mateus, Marcos, Lucas e João. Cada qual com uma característica, um foco narrativo, um modo de construção textual e abordagem do Mistério da Salvação por uma ótica. Todos eles falam de Maria, no entanto o centro principal da mensagem é sempre Jesus. Embora estejam assim dispostos no corpo da Bíblia, os evangelhos não foram escritos exatamente nesta ordem. Por isso, para ajudar no conhecimento de Maria a partir dos evangelhos, há que se recorrer ao tempo e ao espaço que foram escritos para melhor compreender a pessoa de Maria no mistério salvífico de seu filho Jesus. Cada um dos evangelistas apresenta Maria de uma forma, ressalta uma característica, fala a partir de um olhar. Para melhor destacar cada aspecto, e os textos importantes, há que se analisar separadamente cada um dos evangelhos e colher neles o tesouro mariológico que apresentam.

1.1.1 A pessoa de Maria no Evangelho de Marcos

Segundo os grandes estudiosos das Sagradas Escrituras o Evangelho de Marcos é o mais antigo de todos. Escrito, aproximadamente, entre os anos 65 e 70 d.C. Marcos ouvindo de Pedro as narrativas dos acontecimentos com o Senhor se preocupa em relatar à posteridade a experiência de Deus que viveram.

O Evangelho de Marcos é o menor comparado aos outros, não traz muitos detalhes, é bastante sintético nas narrativas, não demora tanto nas argumentações e pormenores. Mas, por quê? Marcos é o primeiro a relatar os fatos da vida de Jesus, isso tem uma importância sem igual, afinal, passados alguns anos da ressurreição do Senhor era necessário firmar a história a fim de que não se perdesse, ficando somente na tradição oral. Assim, Marcos escreve seu Evangelho com a intenção de apresentar Jesus. Em outras palavras, Marcos escreve como que um livro de catequese inicial buscando responder à pergunta que muitos naquele tempo faziam: **Quem é esse Jesus?**

Assim, percebemos que o Evangelho de Marcos foi escrito para aqueles que estavam iniciando o caminho de conversão, que ouviram falar em Jesus e queriam segui-lo, mas, para seguir é preciso conhecer. Se olharmos com atenção a estrutura do Evangelho em seus dezesseis capítulos veremos como toda a narrativa se desenvolve no sentido de apresentar Jesus a quem não o conhece e responder de onde veio, quais suas origens, o que fez. Até aqui nada de estranho, afinal, quando você conhece alguém não são também essas as perguntas que se faz? – Seu nome? Quem são seus pais? De onde você vem? Estuda? Trabalha onde? Etc.

Mas o Evangelho de Marcos não se preocupa somente em responder quem é Jesus, vai mais adiante e busca também apresentar quem é o discípulo dele e quais as características necessárias para seguir o Mestre. Todo o texto do Evangelho é formatado nesta moldura, como que num belo quadro, cujo limites, a razão de ser é responder quem é Jesus e quem são seus discípulos. E mais, o que fazer para ser autenticamente discípulo do Senhor.

Diante destas duas proposições do evangelista Marcos se destaca a figura de Maria, mãe de Jesus; afinal, para saber quem é Jesus é necessário saber suas origens, e para entender o significado de ser discípulo dele não há outro modo senão conhecendo a primeira de todas.

Dentro desta "moldura" do Evangelho, o autor fala sobre Maria a primeira vez no capítulo 3,31-35. Vejamos o texto do Evangelho:

> Chegaram então a mãe e os irmãos de Jesus. Ficando do lado de fora, mandaram chamá-lo. Ao redor dele estava sentada uma multidão, e disseram-lhe: "Tua mãe e teus irmãos e irmãs estão lá fora e te procuram". Ele respondeu: "Quem é minha mãe? Quem são meus irmãos?" E olhando em redor para os que estavam sentados junto dele, disse: "Eis minha mãe e meus irmãos! Quem faz a vontade de Deus, esse é meu irmão, minha irmã e minha mãe" (Mc 3,31-35).

Vamos repassar a cena: Jesus está dentro de uma casa falando com alguns discípulos e estava ao redor dele uma grande multidão. De fora da casa, chegam Maria e alguns parentes de Jesus e mandam chamá-lo. Guarde bem estes três elementos essenciais para compreender o texto: casa; estar dentro; estar fora.

Para entender bem o que acontece aqui é necessário voltar um pouco no texto do Evangelho. E aqui, faço questão de chamar sua atenção para o jeito certo de rezar, estudar, ler a Bíblia Sagrada: não se deve tomar um trecho recortado, isolado, pois isso é perigoso. Para entender bem, e verdadeiramente, é necessário saber ler e interpretar o texto e o contexto. Ler não é somente fazer a junção de sílabas, frases e parágrafos, mas o ato de ler é compreender, entender, perceber o que está nas entrelinhas e entrar na lógica do autor. Vejamos, pois, o contexto desse texto. Estamos no capítulo terceiro do Evangelho de Marcos, trecho este que é marcado por muitos acontecimentos difíceis e muitos embates entre Jesus e os escribas e fariseus que não compreendiam "quem é esse Jesus", inclusive o acusam de estar possuído por um demônio.

Tomemos a cena anterior:

> Jesus entrou numa casa, e outra vez se ajuntou uma multidão, a ponto de nem conseguirem comer. Tendo sabido disso, seus parentes vieram para retê-lo, pois diziam: "Está fora de si". E os escribas provenientes de Jerusalém diziam: "Ele está possuído por Belzebu e expulsa os demônios pelo chefe dos demônios" (Mc 3,20-22).

Retomemos, então, o caminho! Após escolher aqueles que ele quis para segui-lo (Mc 3,13-19), Jesus entra em uma casa (Mc 3,20). Logo uma multidão se reuniu e era tanta gente querendo ver Jesus que eles não conseguiram comer. Ali, também, estavam presentes alguns curiosos que queriam ver se Ele iria fazer algum milagre. Dentre estes "curiosos" estavam os escribas que, de certo modo, vigiavam Jesus. O texto diz que os escribas acusaram Jesus de estar possuído por um demônio (Mc 3,22). E logo, então, passamos à cena descrita anteriormente, quando Maria, mãe de Jesus, e outros chegam a essa casa.

Nenhuma mãe fica feliz quando o seu filho é insultado. Nenhuma mãe gosta quando falam mal de seu filho, o acusam de algo, apontam o dedo para ele. Veja o que acontece aqui: quando os parentes de Jesus souberam que Ele estava naquela casa cercado de gente e que os escribas estavam dizendo que Ele estava com um demônio, eles logo foram para lá. Um sentimento maternal e protetivo? Talvez! Mas não podemos perder de vista a intenção do evangelista Marcos: Quem é Jesus e quem são seus discípulos?

Como mencionamos, vimos que três elementos se destacam: a casa, os que estavam fora e os que estavam dentro. Perceber estes elementos e a narrativa de Marcos é fundamental para entender o que acontece aqui. Primeiro: a casa. Sabemos que a palavra "casa" é diversas vezes usada como sinônimo de lar, família, lugar da segurança, da intimidade. No tempo de Jesus, o conceito de família era bastante diverso do nosso. O núcleo familiar daquele tempo não era como hoje conhecemos: pai, mãe e filhos. Mas, como as pessoas viviam em pequenos vilarejos – lembre-se que estamos falando de mais de dois mil anos atrás –, era como que tribos, pequenas organizações sociais onde ali se estabeleciam as famílias, os clãs, sem tantas distinções como fazemos hoje na Modernidade. As famílias eram reconhecidas como clãs. O que é isso? Um núcleo familiar maior composto por vários membros: avós, tios, primos, agregados como cunhados e cunhadas etc. Basta lembrar como encontramos, mais de uma vez, a discussão sobre a Lei do Levirato, ou seja, quando o irmão casado morria e não deixava filho, o outro irmão vivo deveria assumir aquela mulher e ter filhos com ela a fim de garantir a memória do irmão falecido e a continuidade do clã familiar. Aqui já entendemos o porquê de o evangelista usar as palavras: "Tua mãe, teus irmãos e tuas irmãs estão lá fora" (Mc 3,32). Mas sobre isso trataremos mais adiante em nossa reflexão.

Jesus estava em uma casa rodeado de pessoas. Escribas o acusavam de estar possuído por um demônio. E lá chegam Maria e seus parentes. Jesus está ensinando, falando sobre o Reino de Deus dentro da casa. Existe ali uma contradição entre dois grupos bem distintos: os que estão dentro da casa e aqueles que estão fora da casa; os que querem ouvir Jesus e aqueles curiosos que estão ali somente para observar. Adentremos ao argumento teológico: a casa é o lugar da intimidade, da segurança. Aqueles que estão dentro da casa, veja bem, são aqueles que Jesus chamou para estarem com ele (Mc 3,13-19), ou seja, são os que estão descobrindo a pessoa de Jesus e se propondo ao seguimento, querem ser discípulos do Senhor, estão encantados com suas palavras e seus ensinamentos. Estar dentro é justamente entrar na dinâmica, fazer parte, compreender. Aqueles que estavam dentro já tinham decido entrar na escola de seguimento do Cristo e, por isso, estavam dentro da casa.

Já os que estavam fora ainda não tinham entendido quem é esse Jesus e, por isso, estavam fora. Dentre estes que estavam fora, além de alguns da multidão, também os escribas e fariseus e, para surpresa de muitos, a família de Jesus. Ora, como pode a família de Jesus estar fora da casa? Sim! Parece estranho. Mas veja, os familiares de Jesus ainda não tinham entendido sua missão. O clã ao qual Ele pertencia não havia compreendido que ele era o Messias esperado, o Salvador. Por isso eles estavam achando estranho aquele comportamento de Jesus. Por causa disso tinham receio das coisas que Ele falava e da multidão que estava ao seu redor. Por essa razão, seus familiares tiveram medo do que poderia acontecer quando a pregação de Jesus começou a chamar atenção dos escribas e fariseus. E, ao saber disso, foram até a casa, o lugar onde Ele estava, pois – retomemos o texto do evangelho Mc 3,20-22 – tendo sabido do que estava acontecendo e que haviam dito que Ele estava com um demônio, seus parentes foram até ele e o mandaram chamar. Maria e os parentes de Jesus estavam com medo do que poderia acontecer com ele, pois os escribas e fariseus já estavam incomodados com a pregação de Jesus. Mas, note o principal: também eles – Maria e os familiares – estavam fora, ou seja, "estavam por fora" dos eventos que aconteciam, eles ainda não tinham entrado na dinâmica do seguimento de Jesus, eles, ainda, não eram discípulos do Senhor, eles não sabiam quem, de fato, era Jesus.

Nesta cena o evangelista ressalta estes dois grupos: estar dentro e estar fora. Aliás, esta linguagem não é estranha para nós, comumente dizemos isso: "fulano está dentro do assunto"; "estou dentro dessa viagem"; "estou dentro do programa". E, do mesmo modo, quando queremos nos referir a estar desconectado, sem entender ou sem fazer parte, dizemos: "estou fora"; "estou por fora do assunto"; "estou mais por fora que casca de ovo" etc.

Mas, por que Jesus falou daquele jeito questionando quem era sua mãe e seus irmãos? Teria sido ele desrespeitoso com sua mãe? Não! Jesus não desrespeita sua mãe, mas, pelo contrário, convida a ela e a todos os seus parentes de sangue a serem também seus discípulos. Aqui precisamos desmistificar certas coisas: Maria, embora dizendo "sim" a Deus e fazendo parte de seu projeto, ela não sabia de tudo, não tinha uma compreensão total e completa dos eventos da salvação, muitas coisas ela foi descobrindo, entendendo, analisando ao longo do tempo. Se assim não fosse, os evangelistas Lucas e João não insistiriam em dizer, e por mais de uma vez: Maria guardava e meditava todas essas coisas em seu coração (Lc 2,19). E, ainda, mais, quando do anúncio do anjo, diz Lucas: Ela perturbou-se com essas palavras e pôs-se a pensar no que significaria a saudação (Lc 1,29). E ainda, perguntou: Como acontecerá se não conheço homem algum? (Lc 1,34). E se ainda pensarmos no sofrimento de Maria no caminho do calvário, nos relatos dos Evangelhos sobre Maria aos pés da cruz percebemos que ela, também, foi entendendo aos poucos quem, de fato, era seu filho e foi se tornando a primeira discípula e seguidora de Jesus!

Ao dizer: Minha mãe e meus irmãos são aqueles que ouvem a palavra e a põem em prática, Jesus está quebrando com a rigidez dos laços familiares daquele tempo e convidando também seus familiares a "entrarem na casa". Aqui há uma linguagem simbólica, ou seja, entrarem na dinâmica, na escola, no discipulado. Todos aqueles que estavam fora eram convidados a entrarem para fazer parte do grupo dos ouvintes da Boa Notícia, entrar na casa, fazendo parte do segundo grupo, aquele dos discípulos e seguidores do Senhor. Maria, a mãe do Senhor, e seus familiares também são convidados a fazer este caminho e a partir deles todos nós somos chamados a sermos a família de Cristo, grupo este que ultrapassa os laços de sangue e de sobrenome, mas que são identificados pela pertença, pelo seguimento, pelo discipulado.

O evangelista Marcos faz questão de demonstrar o progresso da fé em Maria. Ao ir até Jesus diante daquele cenário, certamente, como mãe, ela se movia por preocupação humana, levada pelo sentimento maternal de proteção e cuidado com seu filho. Mas, chegando lá, se viu convidada a entrar na escola do Cristo, sendo discípula de seu filho, avançar no caminho da fé. Isso não deve nos estranhar ou diminuir a figura de Maria, pelo contrário, se até a Mãe do Senhor teve que caminhar pelo itinerário da fé, muito mais nós devemos nos empenhar para sermos seguidores de Jesus Cristo.

Devemos, ainda, recordar que o texto de Marcos foi escrito, aproximadamente, entre sessenta e cinco e setenta anos depois de Cristo e, veja, nesta narrativa posterior, Maria já era tida como modelo da comunidade cristã e por isso – e exatamente por isso – o evangelista narra estas passagens para dizer que: se ela é modelo de seguimento de Cristo, o que aconteceu com ela deve ocorrer com todos aqueles que desejam conhecer e seguir Jesus: entrar na casa – na intimidade com o Senhor –, passando do grupo da multidão – daqueles que estão fora – para o grupo de seguidores – daqueles que estão dentro –, e assim aprenderem quem é Jesus e como ser um autêntico discípulo.

Penso que você está me acompanhando até aqui! Espero que esteja dentro da reflexão. Caso não, volte atrás, leia novamente com calma. Não avance a leitura sem entrar na dinâmica da mariologia presente no Evangelho de Marcos. É preciso "entrar na casa" antes de seguir em frente.

Mas a figura de Maria para Marcos Evangelista não se resume nesta única passagem. Vejamos agora o texto escrito em Mc 6,1-6:

> Jesus saiu dali e foi para sua terra, e seus discípulos o acompanhavam. No sábado, começou a ensinar na sinagoga. Muitos ficavam admirados ao ouvi-lo e diziam: "De onde lhe vem isso? Que sabedoria é essa que lhe foi dada? E tais milagres realizados por suas mãos? Não é ele o carpinteiro, o filho de Maria, irmão de Tiago, de José, de Judas e de Simão? E suas irmãs não estão aqui conosco?" E escandalizavam-se por causa dele. Jesus, então, dizia-lhes: "Um profeta não é desprezado senão em sua terra, entre seus parentes e na sua casa!" E não conseguia fazer ali nenhum milagre, apenas curou uns poucos enfermos, impondo-lhes as mãos. E admirava-se da incredulidade deles. E Jesus percorria os povoados da redondeza ensinando (Mc 6,1-6).

Mais uma vez, para entender bem o texto e localizá-lo em seu contexto precisamos voltar um pouco. No capítulo anterior (Mc 5,1-43) Jesus realiza grandes sinais: expulsa os demônios em Gerasa, cura a filha de Jairo e, também, a mulher que há anos sofria de hemorragia. Na última cena, Jesus estava na casa de Jairo, curou a menina que havia tido como morta: *Talita cum* – menina, levanta-te. Por isso, o capítulo 6,1 começa dizendo que: Jesus saiu dali e foi para sua terra. Saiu de onde? Da casa de Jairo, após realizar aquela grande sucessão de sinais. E foi para onde? Para sua terra, sua casa, o vilarejo de Nazaré.

No texto bíblico anterior, vimos que Jesus estava dentro de uma casa e seus discípulos estavam com Ele. Agora, o Senhor vai para sua terra e os discípulos o acompanham. Chegando lá, Ele vai à sinagoga para ensinar e, mais uma vez, é confrontado por sua parentela e pelo povo que o conhecia.

Observe os detalhes deste texto. Jesus sai de uma casa e vai para "sua casa", sua terra, na companhia daqueles que já acreditavam nele. Novamente em Nazaré se forma um paradoxo entre os que já eram discípulos e aqueles que ainda não acreditavam no Mestre. Alguns daquele lugar questionavam de onde vinha a sabedoria que Jesus expressava, afinal, como membro daquele clã, ele era conhecido de todos, não era alguém estranho, vindo de fora, mas alguém de dentro, da intimidade. Ficavam assustados por verem Jesus falar tão bem das coisas do alto, pois ele era alguém dali, do convívio diário com eles.

Alguns anunciam: Não é ele o carpinteiro, o filho de Maria? Aqui devemos prestar atenção na construção do texto. Sabemos que a cultura judaica é patriarcal. Logo, o filho deveria sempre ser referido pelo nome e sobrenome do pai. Ainda hoje, de certo modo, é assim. O último nome de uma pessoa, geralmente, é o sobrenome do pai o qual o filho irá identificar-se e levar adiante aquela família. É fácil perceber isso, especialmente quando uma pessoa tem um nome grande, via de regra usa o primeiro e o último nome e, quase sempre, este último sobrenome é o do pai. Note que as pessoas em nenhum momento citam o nome de José. Ou seja, sabiam, de alguma forma, que José não era o pai de Jesus, mas Ele era o filho de Maria!

Ainda neste trecho do Evangelho de Marcos há um tema bastante debatido e que devemos lançar boas bases em nossa catequese sobre isso. Afinal, Jesus teve outros irmãos? Maria teve outros filhos? E por que o evangelista cita Tiago, José, Simão, Judas e outras irmãs? Prestemos bastante atenção neste argumento, ele poderá se repetir em outros momentos, por isso devemos trabalhá-lo bem. Como dito anteriormente, a noção de família no tempo de Jesus era muito diferente do conceito de família dos nossos tempos. Aliás, em muitas partes do mundo, em outras culturas, há formas diferentes de ser e de ter família. Como nos tempos bíblicos família não era nuclear – pai, mãe e filhos – mas um clã no qual se incluía avós, primos, netos, tios, filhos, e outros consanguíneos. Não havia, naquele tempo, a distinção de papéis e a riqueza do vocabulário que temos hoje.

Há, ainda, que se ressaltar a linguagem da época. Sabemos que o Evangelho de Marcos foi escrito originalmente em língua grega, um Grego antigo, basta lembrar que cerca de dois mil anos atrás. Desse modo, os recursos linguísticos e estilísticos eram bastante diferentes dos nossos. O exemplar da Bíblia que temos em mãos é uma tradução do texto e, para traduzir, o estudioso responsável por este trabalho busca aproximar o máximo tanto da linguagem original quanto do modo de compreensão daqueles que irão ler. Faça um exercício: se você tiver à sua disposição duas traduções diferentes, abra no mesmo texto e veja a forma de construção que o tradutor preferiu. É verdade, em muitos casos leremos palavras sinônimas, conceitos parecidos, mas há uma diferença de linguagem e semântica. Por isso, devemos tomar cuidado ao ler, estudar e interpretar os Textos Sagrados.

Assim entendemos que certas palavras que hoje traduzem um significado para nós não tinham o mesmo valor semântico naquele tempo. Hoje, para nós, irmãos são irmãos de sangue, filhos do mesmo pai e da mesma mãe. Embora, comumente, nos referimos aos irmãos na fé, aos amigos que são verdadeiros irmãos, aos companheiros de caminhada que são irmãos escolhidos etc. Veja que também nós – hoje – usamos a palavra "irmãos" em vários contextos.

E mais, precisamos ainda entender que no estudo das letras há palavras que são muito próprias de uma língua e cultura. Enfim, cada língua tem suas propriedades e formas características, por isso precisamos tomar cuidado ao ler um texto para não o interpretar fora de contexto.

Em conclusão, percebemos que ao falar em irmãos há que se verificar o contexto daquele tempo, a forma da escrita e a palavra usada. E mais, veja os nomes aos quais diz o evangelista que são os irmãos de Jesus: não são todos discípulos? Simão, Tiago, Judas, não estão estes nomes presentes nos relatos da vocação e do chamado ao seguimento? E, ainda mais, em outras partes do Evangelho de Marcos o próprio evangelista explica melhor quem é mãe de cada qual: Maria, mãe de Tiago e José (Mc 15,40). Há que se salientar que os nomes naquele tempo eram muito iguais ou repetidos, aliás, não muito diferente de hoje. Quantas pessoas você conhece que têm o mesmo nome que o seu? Quantas "Marias" você conhece?

Aqui entramos no ponto central. O que Marcos está fazendo questão de demonstrar é que também os familiares de Jesus necessitavam ultrapassar o laço familiar e entender sua missão e quem Ele era. A pergunta: quem é esse Jesus? Também vale, neste contexto, para Maria, sua mãe, para seus "irmãos e irmãs", ou seja, membros do mesmo clã e da cidadela de Nazaré e para aqueles que desejavam segui-lo.

> Jesus, então, dizia-lhes: "Um profeta não é desprezado senão em sua terra, entre seus parentes e na sua casa!" E não conseguia fazer ali nenhum milagre, apenas curou uns poucos enfermos, impondo-lhes as mãos. E admirava-se da incredulidade deles. E Jesus percorria os povoados da redondeza ensinando (Mc 6,1-6).

As palavras de Jesus são exortativas, elas convidam seus familiares e amigos de Nazaré para serem seus discípulos. Um profeta não é aceito entre seus parentes e na sua casa, veja que as palavras de Jesus retomam os conceitos trabalhados até aqui: casa, parentes, família, estar dentro e estar fora, saber quem é Jesus e ser seu discípulo. Ao perceber a dureza do coração daqueles que ali estavam, Jesus vai percorrer as redondezas e, diz o texto, ele estava admirado com a falta de fé de sua família e seus parentes em Nazaré.

Não podemos perder de vista o escopo do Evangelho de Marcos: quem é esse Jesus? Marcos é chamado o evangelho querigmático, pois se preocupa em narrar o primeiro anúncio, a paixão, morte e ressurreição do Senhor e apresentar a pessoa de Jesus para quem não o conhece. E não só, para Marcos não basta apresentar, mas despertar o desejo do seguimento ao Cristo. Uma última característica do Evangelho a ser ressaltada é que Marcos constrói o seu texto numa dinâmica de recomeço. Veja bem, a cada série de eventos há um recomeço: Jesus realiza milagres – é advertido pelos escribas e fariseus –, muda de lugar e recomeça. Jesus estava em casa com os discípulos – é questionado por sua família –, muda de cenário e começa de novo, e, assim, sucessivamente. Há na dinâmica do evangelista um recomeço constante, justamente para ensinar que os seguidores do Senhor devem começar e recomeçar sempre, sem medo, sem receio, mas se colocando constantemente no caminho.

Em suma, qual a visão de Maria que o Evangelho de Marcos nos ensina: Maria é a mãe de Jesus; ela também é chamada a ser discípula do Senhor; Maria faz experiência de fé com seu próprio filho e, além de mãe, também é discípula de Cristo, a primeira cristã. Por fim, Maria é o modelo de seguimento para todos aqueles que desejam fazer esta passagem de fora para dentro, da multidão para o discipulado.

Mas isso não é tudo. Vamos, agora, a outro Evangelho...

1.1.2 A pessoa de Maria no Evangelho de Mateus

Vamos ao Evangelho de Mateus. Segundo os exegetas, o Evangelho de Mateus foi escrito em torno do ano oitenta d.C. Recebeu certas informações do Evangelho de Marcos e consultou outras fontes. Foi escrito originalmente em grego e destinado, especialmente, aos cristãos de origem judaica. Mateus quer demonstrar como na pessoa de Jesus se cumprem as promessas feitas pelo Senhor Deus de Israel desde Abraão. Não por acaso Mateus usa insistentemente a fórmula: *para cumprir as Escrituras* (Mt 2,15.17.23).

É chamado de "Evangelho Eclesial", pois em escrita bastante catequética busca instruir a comunidade dos discípulos de Jesus. Por ser bastante didático e pedagógico, talvez por isso, a tradição o tenha colocado em primeiro lugar na ordem da leitura para instrução, catequese e experiência de fé. Mesmo não sendo o primeiro a ser escrito, foi colocado como primeiro na ordem dos livros canônicos como os conhecemos hoje

Sendo catequético e querendo instruir os seguidores de Jesus, Mateus realiza alguns destaques na participação de Maria na História da Salvação. Ele se preocupa em trazer mais elementos que Marcos e aprofunda na compreensão da pessoa da Menina de Nazaré. Não podemos esquecer que para

Mateus ter dedicado tempo e espaço em seus escritos para falar de Maria, já no ano 80, é porque, de fato, já naquele tempo os cristãos nutriam veneração especial por Maria e a tinham como modelo da Igreja nascente e arquétipo dos discípulos de Jesus.

Mateus tem uma preocupação ao escrever seu Evangelho: ele quer firmar a identidade de Jesus e, por conseguinte, de Maria. Ele começa seu texto falando da origem de Jesus: *Livro da origem de Jesus Cristo, filho de Davi, filho de Abraão* (Mt 1,1). Ele se preocupa – para explicar quem é Jesus – em voltar às origens, montando uma genealogia, o que conhecemos como árvore genealógica, voltando aos antepassados. Mas veja, não se trata aqui de parentesco consanguíneo, mas, querendo Mateus demonstrar que Jesus é o Messias que esperavam e que nele se cumpre todas as promessas do Antigo Testamento, coloca Jesus na linhagem de Abraão, Davi e dos profetas. Retomemos aqui, mais uma vez, o tema dos "irmãos de Jesus". Veja que logo no início, a primeira frase do Evangelho de Mateus, ele afirma que Jesus Cristo é o filho de Davi e o filho de Abraão (Mt 1,1). Ora, sabemos todos que isso não é literal, mas trata-se de uma forma de linguagem, do mesmo modo como no argumento sobre os "irmãos do Senhor".

Todo o primeiro capítulo de Mateus trata sobre a origem de Jesus e estão aqui alguns elementos que devem nos chamar atenção. Mateus começa dizendo: Abraão gerou Isaac, Isaac gerou Jacó, Jacó gerou Judá e seus irmãos etc. (Mt 1,1-17). Perceba que ainda está muito presente em nossas culturas, sobretudo no interior; sempre que conhecemos alguém costumamos perguntar: "Você é filho de quem?" "Quem são seus pais?" Em outras palavras: Quais são suas origens? Via de regra, assim como costumamos usar o último sobrenome – aquele da família paterna – também na genealogia Mateus utiliza do elemento patriarcal para narrar as origens de cada um. Mas isso não é absoluto! Dentro da genealogia aparecem quatro mulheres como geradoras de descendência importante. São elas: Tamar, Raab, a mulher de Urias e Rute. Todas essas mulheres geraram personagens importantes na História da Salvação. Por meio da genealogia, Mateus fundamenta a pessoa de Jesus que cumpre as promessas e carrega dentro de si a História do povo de Deus.

Além das quatro mulheres importantes que aparecem na genealogia, ali também Mateus ressalta Maria, a quinta mulher. E note um dado importantíssimo, ao falar da origem próxima de Jesus, Mateus afirma ser o Messias filho de Maria. Vejamos:

> Jacó gerou José, o esposo de Maria, da qual nasceu Jesus que é chamado Cristo (Mt 1,17).

E continua. Para firmar que Jesus é filho de Maria, mas não de José:

> Eis como foi a origem de Jesus Cristo. Sua mãe Maria, desposada com José, antes de conviverem, achou-se grávida pela ação do Espírito Santo. José, seu esposo prometido, não querendo expô-la, cogitou despedi-la secretamente (Mt 1,18-19).

Perceba que numa cultura patriarcal Mateus ressalta que Jesus é filho de Maria, mas não biológico de José. De fato, para demonstrar o cumprimento das Escrituras era necessário colocar Jesus na linhagem de José, pois este pertencia à geração de Davi. No entanto, o evangelista deixa claro que Jesus nasceu de Maria, e não de José.

A gravidez de Maria é fruto da ação divina e não da expressão dos homens. Embora José tenha um papel muito importante na origem de Jesus, pois sublinha a ligação do menino com José que é "filho de Davi", Maria é a destinatária da ação divina, embora não lhe seja atribuída nenhuma iniciativa pessoal.

Mateus faz questão de ressaltar, por mais de uma vez, que Maria é virgem e mãe (Mt 1,18.20.24). Jesus foi gerado pelo Espírito Santo no seio de Maria, e é o filho de Deus (Mt 1,20-21). Por meio de José, que a recebe como esposa e logo se torna o "pai" do menino, Jesus se torna verdadeiro descendente de Davi. Maria era virgem e assim permaneceu, conforme ressalta o Evangelho (Mt 1,18-22.24).

Assim, para Mateus, Maria é a mãe virginal do Senhor que pela ação do Espírito Santo concebeu o Emmanuel, o filho de Deus. Mas não é só.

Dando mais um passo, o evangelista Mateus se preocupa em apresentar alguns detalhes sobre o nascimento de Jesus e, acredite, isso faz toda diferença na compreensão da pessoa de Maria. No capítulo 2, Mateus dá um salto na narrativa e já começa mencionando sobre a visita de alguns Reis do Oriente.

> Depois de Jesus ter nascido em Belém da Judeia, no tempo do rei Herodes, chegaram a Jerusalém magos do Oriente que perguntaram: "Onde está o recém-nascido rei dos judeus? Vimos a sua estrela e viemos adorá-lo" (Mt 2,1-2).

A presença dos Magos detalha que não foi um nascimento comum ocorrido naquela noite, mas de um rei, alguém importante e, por isso, os Magos – certamente estudiosos e reis persas – também queriam adorar o novo rei que acabara de chegar.

Ao continuar a narrativa, Mateus surpreende ao colocar Maria em lugar de destaque e traz um elemento já não estranho a nós, mas muito importante, leia com atenção:

> Ao verem a estrela, os magos se alegraram com imensa alegria. Quando entraram na casa, viram o menino com Maria, sua mãe. Caíram de joelhos diante dele e o adoraram. Depois abriram seus tesouros e ofereceram-lhe presentes: ouro, incenso e mirra (Mt 2,10-11).

Vamos com calma. Não podemos perder nenhum detalhe! Mais uma vez, o elemento: casa. Espero que você já tenha entendido que isso não é por acaso, não se trata de repetição: *Quando entraram na casa, viram...* (Mt 2,11). Ou seja, os Magos fizeram, também, um percurso de discipulado, um modo de seguimento ao saírem de suas terras distantes e irem à procura do novo Menino Rei que acabara de chegar. E, chegando, viram o quê? Preste bastante atenção neste ponto: *Viram o menino com Maria, sua mãe* (Mt 2,11). Veja que Mateus faz questão de registrar o nome de Maria. Ele não diz somente que o menino estava na companhia de sua mãe ou que o encontrou com seus pais, e não registra a presença de José. Mas diz tão somente: estava o menino com Maria, sua mãe.

O fato de os Reis terem ido visitar Jesus significa que também Ele já era tido como um Rei. E, é considerável ressaltar o porquê Mateus fala de Maria, inclusive nomeando-a. Nos tempos antigos um rei era nominado pelo nome de sua mãe: a rainha. O anjo já havia dito que Jesus seria da casa, da descendência de Davi (Mt 1,20-23). Na cultura do Reino do Sul, no qual Davi reinou, o título de rainha era dado à mãe do rei e não a sua esposa, porque o rei poderia ter mais de uma esposa. Lembremos da *Lei do Levirato*: em caso da morte do irmão, o irmão vivo deveria assumir a esposa do falecido e ter com ela filhos para garantir a linhagem e a memória do irmão falecido. Ao afirmar que entrando na casa os Magos encontraram o menino e sua mãe, Mateus quer dizer, claramente, que ao lado do Rei estava a Rainha. No Antigo Testamento há algumas passagens que destacam aquela cultura da época e fundamentam a narrativa do Evangelho de Mateus. A título de exemplo, vejamos 1Rs 1,16.2.19:

> Natã falou a Betsabeia, mãe de Salomão; [...]; Betsabeia entrou no quarto do rei. Ele já estava muito idoso, e Abisag, a Sunamita, o atendia. Betsabeia inclinou-se e prostrou-se diante do rei Davi. Este perguntou-lhe: "Que desejas?" Ela respondeu: "Meu senhor, tu juraste pelo Senhor, teu Deus, à tua serva: Teu filho Salomão reinará depois de mim e há de sentar-se no meu trono (1Rs 1,11.16).

Mas não termina aqui. Vejamos ainda um trecho em destaque e de suma importância:

> Betsabeia foi ter com o rei Salomão para falar-lhe a respeito de Adonias. O rei levantou-se e foi ao seu encontro, prostrou-se diante dela, assentou no trono e mandou pôr também um trono para a mãe do rei, a qual se sentou a sua direita (1Rs 2,19).

Assim entendemos o porquê o evangelista faz questão de ressaltar que na visita dos Reis Magos quem estava com o Menino Rei era sua mãe, Maria: a rainha!

Ainda para terminar o último episódio narrado por Mateus sobre as origens e a infância de Jesus, após a visita dos Reis Magos, o evangelista faz um novo salto na narrativa e escreve sobre a fuga para o Egito. Aqui, José entra novamente em cena como o "pai protetor", como filho de Davi, como o garantidor da linhagem real. O anjo, novamente, lhe aparece em sonho e ordena que fujam para o Egito e, em mais uma oportunidade, Mateus destaca a figura da mãe:

> Depois que os magos se retiraram, o anjo do Senhor apareceu em sonho a José e disse-lhe: "Levanta-te, toma o menino e sua mãe e foge para o Egito! [...] José levantou-se, de noite, com o menino e a mãe, e retirou-se para o Egito, onde ficou até a morte de Herodes (Mt 2,1-18).

Neste pequeno trecho, Mateus destaca duas vezes a expressão: toma o menino e sua mãe! Ora, se isso não fosse importante, certamente o evangelista não teria perdido tempo com essa informação. A fuga para o Egito é para Mateus e para os destinatários de seus escritos algo de grande importância. Afinal, Jesus revive a experiência do êxodo, fundante para o Povo de Israel, revive o exílio em terras estrangeiras e, consequentemente, o retorno à terra prometida.

> Depois que Herodes morreu, o anjo do Senhor apareceu em sonho a José, no Egito, e disse-lhe: "Levanta-te, toma contigo o menino e sua mãe e volta para a terra de Israel, pois já morreram os que atentavam contra a vida do menino". Ele levantou-se, tomou consigo o menino e sua mãe e entrou na terra de Israel (Mt 2,19-21).

O menino e sua mãe são as figuras em destaque na narrativa: o Rei e a Rainha. Mateus ressalta a fuga para o Egito e o retorno à Terra Prometida a fim de demonstrar que em Maria se cumpre a grande promessa e espera do povo de Deus – o povo de Israel. Maria, como judia que era, também esperava o cumprimento dessa promessa. Ela, então, é quem faz essa passagem da fé judaica à fé cristã, da promessa ao cumprimento. Veja que, também por este motivo, Maria é colocada no Evangelho de Mateus como modelo da Igreja, dos seguidores de Jesus, pois sendo judia – Mateus escreve, especialmente, para os judeus que se tornaram cristãos – ela encarna esse protótipo da figura de Israel que acolhe o Messias e passa da Antiga para a Nova Aliança em Cristo Jesus.

Encerrando as narrativas da origem e marcando a identidade de Jesus e Maria, Mateus segue seus escritos e passa a falar sobre a vida pública do Senhor. Neste trecho, certamente retomando de Marcos, Mateus apresenta a mesma cena outrora vista: Jesus dentro de casa com seus discípulos e sua família o procura. Vejamos:

> Enquanto Jesus ainda falava às multidões, sua mãe e seus irmãos estavam do lado de fora, procurando falar com ele. Alguém lhe disse: "Olha! Tua mãe e teus irmãos estão lá fora e querem falar contigo". Ele respondeu àquele que lhe falou: "Quem é minha mãe, e quem são meus irmãos?" E, estendendo a mão para os discípulos, acrescentou: "Eis minha mãe e meus irmãos. Todo aquele que faz a vontade do meu Pai, que está nos céus, esse é meu irmão, minha irmã e minha mãe" (Mt 12,46-50).

Marcos e Mateus, bem como Lucas, são chamados Evangelhos sinóticos justamente por narrarem os mesmos fatos, mas sob óticas diferentes. Veja que Marcos apresenta detalhes diferentes de Mateus e este, por sua vez, ressalta aquilo que é interessante aos seus ouvintes. Mateus registra a presença de Maria na mesma cena: a casa, estar do lado de fora, estar dentro – o caminho da fé. Embora com algumas diferenças, escolhas do autor para melhor abordar seus leitores, o texto preserva o mesmo sentido e fundamenta a necessidade de também os familiares, amigos e conviventes de Jesus fazerem o caminho do discipulado.

Vejamos a narrativa de Nazaré. Também presente neste Evangelho:

> Depois que concluiu essas parábolas, Jesus partiu dali. Ele foi a sua terra e pôs-se a ensinar na sinagoga deles. Ficavam admirados e diziam: "De onde lhe vêm essa sabedoria e esses milagres? Não é este o filho do carpinteiro? Sua mãe não se chama Maria, e seus irmãos não são Tiago, José, Simão e Judas? E suas irmãs não estão aqui conosco? De onde, então, lhe vem tudo isso?" E escandalizaram-se por causa dele. Jesus, porém, disse: "Um profeta não é desprezado senão em sua terra e em sua casa"! E não fez ali muitos milagres, por causa da incredulidade deles (Mt 13,53-58).

Novamente Mateus destaca a figura da mãe e faz questão de nominá-la: Maria! O relato deste evangelista é mais brando do que o de Marcos, até porque os destinatários de seus escritos são judeus, logo ele queria diminuir a tensão e demonstrar que a parentela de Jesus, a partir de sua mãe, foi capaz de entrar na dinâmica do seguimento, passaram dos laços sanguíneos aos vínculos de fé.

Para bem ler o texto e seus contextos não podemos perder de vista o escopo – a razão e o público-alvo – a quem, imediatamente, o evangelista se dirigiu. Lembremos: Mateus escreve para os judeus que ainda não abraçaram a fé no Cristo. Ele quer demonstrar que em Jesus se cumpre todas as promessas do Antigo Testamento e que, de fato, Jesus é o Messias esperado. Ainda nesta perspectiva, entendemos melhor por que Mateus se preocupa tanto com o lugar de Maria neste mistério, pois sendo ela também judia, mulher de fé, esperava a vinda do Messias. Fiel aos preceitos e conhecendo a Lei de Deus, quando recebe a visita do anjo e diz "sim" à vontade do Pai, Maria, como figura de todo Israel, faz a passagem da Antiga à Nova aliança, da promessa ao cumprimento, da espera à realização!

Não por acaso o evangelista Mateus apresenta Maria como protótipo de seguimento, modelo da Igreja e exemplo de fé para todos aqueles que quiserem seguir Jesus. Herdeira das antigas promessas, Maria assume a plena Revelação de Deus e com ela inaugura para todo o seu povo o caminho de salvação recebendo em seu próprio ventre o Filho de Deus.

Desse modo, Mateus apresenta Maria como a Mãe virginal do Messias. A Rainha-Mãe que apresenta seu Filho ao trono, a Mestra do seguimento, pois foi capaz de dar passos decisivos na fé e viver a experiência do cumprimento das promessas. Maria: virgem, mãe, rainha e modelo de seguimento para aqueles que ainda não creem em Jesus Cristo.

Partindo de Mateus, vamos agora até o Evangelho de Lucas, afinal, há ainda um belo caminho a percorrer. Quem é Maria como Lucas nos apresenta? Vamos descobrir!

1.1.3 A pessoa de Maria no Evangelho de Lucas

Os dois livros, escritos por Lucas, que estão presentes na Bíblia: o Evangelho e o Atos dos Apóstolos. Segundo a tradição, teria sido médico e, portanto, alguém muito instruído. Escreveu o Evangelho em torno do ano 85 d.C. É justamente o Evangelho de Lucas que mais explicitamente fala de Maria, e é também, neste Evangelho, que Maria mais fala! Pelo que tudo indica, Lucas teria, de certo modo, convivido com Maria e ouvido dela mesma detalhes de toda a história salvífica da qual ela é uma das protagonistas. Não é por acaso que se atribui a Lucas uma das primeiras pinturas – ícone – da Virgem Maria.

Lucas escreve para aqueles que não provinham do Judaísmo, diferentemente de Mateus, e deseja fazer a mensagem chegar aos gregos, romanos, aos chamados "gentios" daquele tempo. Assim, ele apresenta Maria como a discípula perfeita, a mulher de fé, aquela que ouviu a voz de Deus, embora não entendendo bem, disse "sim", meditou tudo em seu coração e colocou em prática.

O Evangelho de Lucas inicia com dois anúncios: o nascimento de João Batista (Lc 1,5-25) e o nascimento de Jesus (Lc 1,26-38). Ao fazer este paralelo entre os eventos, Lucas deseja – já de início – apresentar a mudança paradigmática do antigo: com as figuras de Zacarias, Isabel, João Batista – o Antigo Testamento – para o novo: com Maria, Jesus – o Novo Testamento –, o cumprimento das promessas antigas da vinda do Messias que se concretizava em Jesus Cristo por meio de Maria.

Também, já bem no início, Lucas coloca Maria dentro da perspectiva que nos apresenta – Discípula fiel, mulher de fé –, pois, enquanto Zacarias, que era sacerdote, homem do tempo, dedicado às coisas de Deus, duvida da promessa que o anjo lhe faz, Maria acredita e confia inteiramente em Deus. Vejamos:

> Eu sou Gabriel. Assisto diante de Deus, e fui enviado para falar contigo e dar-te esta boa notícia. E agora, ficarás mudo, sem poder falar até o dia em que essas coisas acontecerem, já que não acreditaste em minhas palavras, que se cumprirão a seu tempo (Lc 1,20).

Maria recebe a visita do mesmo Arcanjo: Gabriel. O nome "*Gabriel*" significa: poder de Deus e, também, boa notícia de Deus. Este anjo foi enviado para trazer a boa notícia a Zacarias e a Maria, mas a postura de ambos foi muito diferente. Enquanto Zacarias não acreditou no que lhe dissera o anjo, Maria, pelo contrário, se entrega totalmente à vontade de Deus. Leia com atenção:

> Então Maria disse: "Eis aqui a serva do Senhor! Faça-se em mim segundo a sua palavra". E o anjo saiu da sua presença (Lc 1,38).

Assim, Lucas vai moldando para os seus leitores a figura de Maria. Aquela mulher obediente e entregue aos planos de Deus desde o primeiro momento. Não duvidou, não hesitou, mas entregou-se totalmente à vontade do Senhor Deus que acabara de ouvir pela boa notícia trazida por Gabriel.

Para fundamentar bem a passagem do Antigo para o Novo, Lucas utiliza no texto a mesma estrutura presente no relato de outras vocações nas Sagradas Escrituras: anúncio, medo e aceitação! Releia os trechos e perceba que o anjo faz o anúncio do plano de Deus. Ao ouvir tais maravilhas, os destinatários são tomados pelo medo diante de suas fraquezas e limitações. Mas, confiando na palavra do Senhor, aceitam a missão e se entregam à vontade de Deus. Aqui, também, aos poucos Lucas vai firmando o modelo de discípulo que apresenta e do qual Maria é o grande protótipo: aquele que ouve a Palavra e a coloca em prática!

Ao receber a visita de um anjo, Maria é colocada na linha dos grandes profetas e patriarcas do Antigo Testamento, afinal, não era comum e nem para qualquer pessoa que Deus se revelava daquela maneira. Assim, ao falar do anjo que vai até Nazaré, que visita Maria em sua casa, trata-se de alguém muito especial para Deus e que fará um grande serviço a Ele, assim como em todos os outros relatos da Antiga Aliança.

No relato do anúncio do Anjo Gabriel a Maria percebe-se a ação de Deus e a entrega daquela pequena menina de Nazaré. Gabriel a chama de "cheia de graça" (Lc 1,28), pois nela não havia pecado algum, a mancha original, a soberba que separa o homem de Deus não estava presente em

Maria. Por isso o céu, nas palavras do anjo, elogia aquela pobre menina: "Ave, Maria, cheia de graça, o Senhor está convosco" (Lc 1,28). Tal saudação e aquela cena foi tão impressionante aos ouvidos e olhos que ela teve medo: "Não tenhas medo, Maria" – disse o anjo –, "pois encontrastes graça diante de Deus" (Lc 1,30).

Ainda sem entender bem aquela boa notícia que o anjo a trazia, Maria pergunta: "Como acontecerá isso, se não conheço homem algum?" (Lc 1,33). E Gabriel responde a Maria. Note: a resposta do anjo demonstra a ação de Deus narrada em todos os grandes eventos das Sagradas Escrituras: "O Espírito Santo descerá sobre ti, e o poder do Altíssimo te cobrirá com sua sombra" (Lc 1,35). Certamente, aqui você se lembrou do Salmo 90 (91) que diz: "Aquele que habita no esconderijo do Altíssimo, a sombra do Senhor onipotente o cobrirá" (Sl 90,1). No Antigo Testamento a "sombra de Deus" cobria e realizava a obra do Senhor. Desde o relato primeiro da criação quando o autor afirma: "E o Espírito de Deus pairava sobre as águas" (Gn 1,2). A nuvem também era símbolo da presença de Deus que o cobria com sua glória. No livro do Êxodo há vários relatos que a glória do Senhor – a nuvem – que cobria o tabernáculo, em outros momentos o acampamento, ou ainda quando Moisés subia ao monte para falar com Deus e Ele vinha na nuvem e cobria o profeta com sua glória (Ex 40,35). Do mesmo modo, a glória do Senhor veio sobre Maria e a cobriu com sua força como fez com os grandes personagens na História da Salvação!

Após receber o anúncio, Maria aceita o projeto de Deus e parte para a casa de Isabel, sua parenta, que também estava grávida (Lc 1,39-45). Esse caminho missionário de Maria, esta partida rumo à casa de sua parenta não é um relato em vão que Lucas faz, mas há um significado muito importante para entender a pessoa de Maria. Chegando à casa de Isabel e ao saudar sua prima, diz o texto: "Quando Isabel ouviu a saudação de Maria, a criança saltou de alegria em seu ventre. Isabel ficou repleta do Espírito Santo e, com voz forte, exclamou: "Bendita és tu entre as mulheres e bendito é o fruto do teu ventre" (Lc 1,42). E como alguém que já soubesse da boa notícia revelada a Maria, continua Isabel: "Como me acontece que a mãe do meu Senhor me venha visitar?" (Lc 1,43). Veja como Lucas relata a mesma expressão da maternidade presente em Mateus: o filho que se liga à mãe, assim como o rei está intimamente ligado à rainha. Agora, o Salvador é lembrado por meio de sua Mãe, a cheia de graça.

Na perspectiva de Lucas, Maria é posta como a nova Arca da Aliança. Se no Antigo Testamento a Arca da Aliança era o local sagrado onde se guardava as Tábuas da Lei, ou seja, as tábuas onde estavam inscritos os Dez Mandamentos dados por Deus a Moisés como sinal da aliança do Senhor com seu povo. Agora, a nova e eterna aliança se efetiva em Jesus Cristo – em seu sacrifício – e o local santo de "guardar" a Revelação de Deus é o ventre de Maria e, por isso, ela é a nova Arca da Aliança. Isabel acolhe Maria com palavras semelhantes às de Davi quando recebe a Arca da Aliança em sua casa: "Naquele dia, Davi sentiu o temor do Senhor e disse: Como virá até mim a Arca do Senhor?" (2Sm 6,9). E, lembremos Isabel: "Como me acontece que a mãe do meu Senhor me venha visitar?" (Lc 1,43). Não é por acaso que quando rezamos a Ladainha de Nossa Senhora há uma forte invocação quando chamamos Maria de Arca da Aliança. Ela é a portadora do Mistério de Deus, ela é a guardiã do Verbo encarnado, em Maria se faz presente a Nova e Eterna Aliança.

Diante do grande Mistério de Salvação no qual Maria toma parte, Lucas relata o louvor e a gratidão da pequena Serva por fazer parte deste grande projeto. O cântico de Maria – que conhecemos como o *Magnificat* – em Lc 1,46-56, apresenta a adoração a Deus por parte de Maria por tudo aquilo que por meio dela se realizara. O *Magnificat* é a síntese da manifestação de Deus na vida de Maria, mas, também, é um resumo de toda a História da Salvação, a ação misericordiosa de Deus desde Abraão até aqueles dias.

Lucas coloca Maria em íntima relação com os relatos bíblicos da Filha de Sião. A Virgem Maria, mãe do Salvador, o Messias esperado, é a personificação de todo o povo de Israel. Em Maria, o povo de Israel recebe um rosto, nome, pois a Filha de Sião espera, nas vicissitudes de sua história, o cumprimento da promessa. Deus virá para libertar o seu povo!

No livro de Zacarias há um relato à Filha de Sião que está em paralelo ao Cântico de Maria. Vejamos:

> Exulta e alegra-te, filha de Sião, porque eis que venho e habitarei em teu meio – oráculo do Senhor. Nações numerosas se unirão ao Senhor, naquele dia, e se tornarão para mim um povo. Habitarei em teu meio. Então, saberás que o Senhor dos exércitos me enviou a ti. O Senhor possuirá Judá, sua porção, na terra santa, e escolherá novamente Jerusalém. Silêncio, toda carne, diante do Senhor, pois levantou-se de sua santa morada" (Zc 2,14-17).

Mas não é só! Vejamos com atenção e observemos a estreita ligação do relato da anunciação do anjo à Virgem Maria (Lc 1,28-31), bem como com o Cântico de Maria, o *Magnificat* (Lc 1,46-56), com o texto de Sofonias (Sf 3,14-20):

> Exulta, Filha de Sião, prorrompe em gritos, Israel, alegra-te e jubila de todo o coração, filha de Jerusalém! Revogou o Senhor tuas sentenças, lançou fora teu inimigo. O rei de Israel, o Senhor, está em teu meio: Não temerás mais o mal. Naquele dia, será dito a Jerusalém: "Não temas, Sião, não desfaleçam tuas mãos! O Senhor teu Deus está no teu meio. Valente, ele te salvará. Ele se regozijará por ti com alegria, comovido em seu amor; e se encherá de júbilo por ti com exultação, como em um dia de solenidade". "Tirarei de ti a calamidade, para que não mais tenhas vergonha dela. Eis que aniquilarei todos os que te afligiram naquele tempo; salvarei a ovelha que manca, e a que foi dispersada, reunirei. E os transformarei em louvor e renome em toda a terra em que foram envergonhados. Naquele tempo, eu vos conduzirei, no tempo em que eu vos reunir. Sim, eu vos darei renome e louvor entre todos os povos da terra, quando eu mudar a vossa sorte aos vossos olhos", diz o Senhor (Sf 3,14-20).

Notemos a grande relação que Lucas faz ao apresentar a pessoa de Maria. A discípula fiel, a mulher de fé, a Arca da Aliança. E ainda mais, ao portar o Verbo de Deus, Maria encarna em si o grande conceito da presença e manifestação de Deus que há no Antigo Testamento que, em Hebraico, se chama: *Shekinah*, ou seja, a manifestação de Deus – a morada de Deus! Sendo, portanto, a cheia de graça, a morada de Deus, Lucas ressalta a virgindade de Maria e afirma que aquele que dela nasceu não é fruto das relações humanas, mas da própria iniciativa de Deus. Há, aqui, uma expressão da nova criação que se dá na concepção virginal de Jesus no seio de Maria.

Maria é a nova Arca da Aliança, onde a glória do Senhor dos exércitos se manifesta, pois a sombra de Deus está sobre ela (Ex 40,34-35 e Lc 1,35). Por tudo isso é chamada bem-aventurada e proclama que desse modo todas as gerações a lembrarão.

O evangelista, ao narrar o nascimento de Jesus, assim como os outros sinóticos, propositalmente reafirma que ali estava sempre em cena Maria, a mãe de Jesus: Lc 2,5.16. Segundo narra Lucas, Maria estava impressionada com os grandes acontecimentos: os anjos que cantavam, os pastores que vinham adorar o menino, a estrela que brilhava no céu, tudo isso revelava a glória de Deus. E diz o texto: Maria, porém, guardava todos esses acontecimentos, meditando-os em seu coração (Lc 2,19). Aqui, de modo insistente e repetitivo – como veremos mais algumas vezes – Lucas deixa claro que Maria está realizando o caminho do discipulado: ouvir a Palavra, meditar e colocar em prática. Maria meditava tudo em seu coração! A Virgem Mãe é modelo profundo do discípulo que não ouve superficialmente a Palavra, mas de modo intenso. Ela estava no processo, buscando compreender, mas já entregue totalmente à vontade de Deus.

Como alguém fiel aos preceitos da Lei de Deus, Maria e José levam o menino Jesus para ser apresentado no templo (Lc 2,22-35). Cumprindo toda Lei, oferecem o sacrifício e reafirmam a pertença ao povo de Deus por meio da observação ritual.

Simeão, homem velho e sábio – o nome "Simeão" significa "Deus ouviu" –, recebeu do Espírito Santo a revelação que aquele menino era o grande Messias esperado. Naquele dia, Simeão canta louvores a Deus e agradece por ter visto a chegada do Salvador. Mas, entre louvores e alegria, o velho Simeão profetiza olhando para Maria:

> Simeão os abençoou e disse a Maria, sua mãe: "Este é destinado a ser causa de queda e de reerguimento de muitos em Israel, e a ser sinal de contradição. Assim, serão revelados os pensamentos de muitos corações. Quanto a ti, uma espada de dor te traspassará a alma" (Lc 2,34-35).

Simeão anuncia as dores pelas quais Maria irá passar por ser a Mãe do Salvador. Afinal, sendo a figura do povo de Israel que crê no cumprimento da promessa, Maria, assim como Jesus, será incompreendida e terá, também ela, que fazer o caminho de fé, de discipulado. Vamos recordar o que já vimos, comparando com as palavras de Simeão? "Ele será sinal de contradição" – alguns creem e outros não: estar dentro e estar fora. Dentro da casa e fora da casa. "Assim serão revelados os pensamentos de muitos corações" – "ele deve estar louco, há dias que não come, não é ele o filho de Maria de Nazaré, que vive aqui conosco"? Enfim, Simeão aponta para o caminho do crer, no qual todos deverão passar – inclusive a própria Mãe do Senhor – pois Maria participa da divisão que Jesus provoca em seu povo. Ela experimentará na carne as dores do conflito, da desconfiança, da falta de fé.

Das dores narradas por Simeão, como tradicionalmente se reza as Sete Dores de Maria, tem a primeira relatada aqui no Evangelho de Lucas, quando após as festas em Jerusalém, Jesus se perde dos seus familiares e é encontrado no templo entre os doutores da lei (Lc 2,41-52). Estar no templo entre os doutores significa que Jesus já estava na casa do Pai (Lc 2,49) e assumia sua missão de cuidar das coisas de Deus. Ao falar sobre este acontecimento, o evangelista Lucas realiza uma narrativa revelacional, ou seja, para demonstrar exatamente quem é Jesus e filho de quem Ele é.

O fato da paternidade de Jesus se mostra ainda mais evidente quando, na pergunta de Maria, Jesus eleva a discussão a outro nível, revelando seu verdadeiro Pai. Vejamos:

> Quando o viram, seus pais ficaram admirados, e sua mãe lhe disse: "Filho, por que agistes assim conosco? Olha, teu pai e eu andávamos angustiados à tua procura". Ele respondeu: "Por que me procuráveis? Não sabíeis que eu devo estar naquilo que é de meu Pai? (Lc 2,48-49).

Pai e pai! Pai (Deus) e **p**ai (José). Jesus responde ao questionamento de Maria levando-os a outro nível. E qual é? O nível do discipulado, do seguimento, que ultrapassa todo e qualquer laço de sangue. Em outras palavras, Jesus quer mostrá-los quem Ele é, firmar sua identidade e convidar também José e Maria a crerem nele. Os laços da fé é que verdadeiramente contam e são maiores que os graus de parentesco. Mas, veja que assim como Mateus, a todo tempo Lucas deixa claro que Jesus é filho de Maria pela ação do Espírito Santo e que José não é propriamente pai de Jesus, pois o que se fez em Maria é fruto da glória de Deus e não de propriedades humanas.

Assim como Mateus, também Lucas apresenta uma genealogia para Jesus (Lc 3,23-37). No entanto, Lucas vai além, pois como destinava o seu texto aos chamados gentios, ou seja, não judeus, ele queria mostrar que em Cristo toda a criação estava salva e liberta. Assim, ele começa sua genealogia dizendo que Jesus era "segundo se pensava" filho de José (Lc 3,23). Por que "segundo se pensava"? Basta lembrar a contradição que a pessoa de Jesus gerava. Muitos não acreditavam que Ele era o Filho de Deus, o cumprimento da promessa, o Messias. Por isso, achavam que Ele era, realmente, filho de José e Maria. Por este motivo, Lucas deixa claro e reafirma, "segundo se pensava" Jesus era filho de José, mas, na verdade, Ele é filho de Maria que O gerou em seu ventre pela ação do Espírito Santo.

A genealogia de Lucas começa em José e vai até Adão, ou seja, até o primeiro homem criado. Não por acaso o evangelista faz todo esse percurso, mas para mostrar que Jesus é o novo Adão, o novo homem vencedor de todo pecado e de todo mal. Em Cristo, o homem é chamado a perfeição e nele se renova o homem e toda a criação.

Em Lc 4,16-30 ouvimos a narrativa – na perspectiva de Lucas – sobre a Sinagoga de Nazaré. Basicamente estão presentes os mesmos elementos que em Marcos e Mateus, mas Lucas não salienta aqui o nome de Maria, talvez porque quisesse mostrar que neste ponto a Mãe de Jesus já havia feito o caminho de conversão e tinha se tornado discípula de seu Filho.

Também em Lc 8,19-21 o evangelista narra o mesmo episódio da casa: alguns estão dentro e outros fora. Aqui aparece a figura da mãe nominada pelo autor. Lucas retoma os estágios que propõe em seus escritos para ser verdadeiro discípulo de Jesus: ouvir, meditar e praticar. Não por acaso, pouco antes de narrar este acontecimento, Lucas escreve sobre a Parábola do semeador, justamente para dizer que Maria é o modelo daqueles que desejam ouvir, refletir e viver a mensagem de Cristo.

E, por fim, em Lc 11,27-28, Lucas apresenta Maria como a bem-aventurada. E, de fato, a Mãe de Jesus é digna de ser assim chamada. Não simplesmente por tê-lo concebido em seu seio, mas, e sobretudo, por ser a primeira a crer em seu Filho, por fazer o caminho da fé em Jesus, por conseguir ultrapassar os laços de sangue e de parentela e ver nele o Salvador, o Messias que tanto se esperava.

Portanto, Lucas nos apresenta Maria como a perfeita discípula, a mulher fiel. Aquela que ouve o anúncio da Palavra, tudo medita em seu coração e põe em prática até nas mínimas coisas. Segundo a tradição, talvez Lucas tenha escutado muitas coisas da boca de Maria e, ainda por isso, tenha se estendido tanto em sua figura, especialmente fatos relativos à anunciação, à infância de Jesus, alguns detalhes da vida em Nazaré, pequenas coisas que não estão presentes nos outros escritos.

Mas, antes de passarmos adiante no estudo do quarto e último evangelho, é pedagógico que caminhemos até o livro dos Atos dos Apóstolos cujo autor também é Lucas. Alguns estudiosos das Sagradas Escrituras dizem que o Evangelho de Lucas e Atos dos Apóstolos seriam duas partes do mesmo livro que ao longo dos séculos, por alguma razão, foi separado. Mas ambos trazem a mesma teologia, as mesmas impressões, pois pertencem ao mesmo autor. Por isso, vamos juntos perceber como Lucas apresenta Maria em Atos dos Apóstolos.

1.2 A pessoa de Maria nos Atos dos Apóstolos

O livro dos Atos dos Apóstolos é assim chamado porque justamente narra as atitudes, as atividades, dos Apóstolos na fase da História da Salvação seguida à ressurreição de Jesus. Lucas quer mostrar o que aconteceu;

não no sentido histórico-crítico moderno, mas numa narrativa de fé, o que houve após a subida de Jesus para o céu. Enquanto o Evangelho de Lucas narra a história da vida e ministério de Jesus, o livro dos Atos dos Apóstolos fala sobre o que aconteceu depois: o início do anúncio da Palavra – o querigma – pelos Apóstolos, a fundação das comunidades e a organização da Igreja.

No livro dos Atos dos Apóstolos, Lucas fala explicitamente de Maria somente uma vez, e logo no início. Após a ascensão do Senhor aos céus, os Apóstolos estão reunidos no cenáculo, com medo, e ali acontece a vinda do Espírito Santo. O evangelista destaca que junto aos Apóstolos estava Maria, a mãe de Jesus. Vejamos o texto bíblico:

> Entraram na cidade e subiram para a sala de cima, onde costumavam reunir-se. Eram Pedro e João, Tiago e André, Filipe e Tomé, Bartolomeu e Mateus, Tiago, filho de Alfeu, Simão Zelota e Judas, filho de Tiago. Todos eles perseveravam na oração em comum, junto com algumas mulheres e Maria, a mãe de Jesus e com os irmãos dele (Lc 1,13-14).

Perceba que Lucas faz questão de destacar a presença de Maria e de alguns outros parentes de Jesus. Se voltarmos um pouco ao texto, veremos que ali estavam, em oração, aguardando o cumprimento da promessa de que o Espírito Santo viria sobre eles. Assim como em At 1,8, rememorando o que está no final do Evangelho de Lc 24,49, Jesus promete que enviará "a força do alto", o Espírito Santo, para conduzir os Apóstolos no testemunho fiel e na pregação pelo mundo inteiro.

Todos os que ali estavam esperavam receber "a Força do Alto". No entanto, ao destacar a presença de Maria, Lucas lembra que dentre aqueles que ali estavam, ela era a única que já havia recebido tal força de Deus. Basta lembrar que, quando da anunciação, o Anjo Gabriel diz a Maria as maravilhas de Deus que iriam se realizar, afirma que: "O Espírito do Senhor virá sobre ti, e o poder do Altíssimo te cobrirá com sua sombra" (Lc 1,35).

Exatamente a mesma expressão: "Força do Alto" – salvo alguma pequena diferença devido a tradução da Bíblia Sagrada – está presente no início e no final do Evangelho de Lucas e nos primeiros versículos do livro dos Atos dos Apóstolos. Assim, Maria merece este relevo, pois dentre todos, somente ela já havia feito esta experiência com a "Força do Alto", o Espírito de Deus, que nela havia habitado. O mesmo Espírito Santo que gerou em Maria o Filho de Deus, agora irá gerar nos Apóstolos o testemunho e o ardor missionário para anunciar Jesus até os confins da terra. Perceba a sutileza do autor: pela ação do Santo Espírito, Maria gera o Cristo para o mundo e agora "gera" a Igreja nascente. Dentre outras razões, é também por isso chamada de Mãe da Igreja.

O Papa Francisco, querendo ressaltar a presença de Maria em Pentecostes e a sua maternidade eclesial, instituiu a celebração de "Maria, Mãe da Igreja" na segunda-feira posterior à Solenidade de Pentecostes. Assim, a Igreja no mundo inteiro celebra a maternidade espiritual de Maria como mãe dos discípulos de Jesus, como mãe da santa Igreja.

Lucas, por ser alguém letrado e conhecedor das palavras e da arte da escrita, organizou seus textos dividindo-os em três grandes ciclos:

1) **Lc 1,5–3,20**: apresenta o antigo Israel e a expectativa pela espera do Messias. Este tempo é marcado pelas figuras de Zacarias, Isabel e Maria.

2) **Lc 3,21–24,49**: o autor narra a vida de Jesus, conta seus feitos, o ministério exercido e sua pregação. Aqui também Maria estava presente.

3) **Atos dos Apóstolos**: o anúncio do querigma. A Igreja que sai a anunciar ao mundo inteiro a salvação que Cristo nos conquistou. Lucas faz questão de ressaltar a presença de Maria nesta fase da Igreja nascente e no início da pregação.

Veja que em todas as fases dos escritos de Lucas ele faz questão de destacar a presença de Maria. Em todos os tempos, nos momentos de alegria e de dor, junto a Jesus e seus seguidores, ali estava sempre próxima, Maria, a mãe de Jesus.

Maria é a única pessoa que participa de todos os ciclos propostos pelo evangelista. Como a figura do antigo Israel, ao lado de Zacarias, Isabel,

João Batista, Simeão e Ana, ela abre o caminho e faz a passagem da espera ao cumprimento. E como mãe do Messias, ela inaugura o tempo da salvação.

No tempo de Jesus, Maria faz parte do grupo dos seguidores do Senhor. Lucas sempre a destaca nos momentos mais importantes. Ela está ali, ao lado, também fazendo o caminho de discipulado, também entrando na dinâmica do seguimento, também ela, buscando ser, nas impressões de Lucas, alguém que ouve, medite e pratica a mensagem do Senhor.

E, por fim, Maria se coloca entre os membros da Igreja nascente inaugurando o terceiro ciclo. A importância da presença de Maria neste momento é claramente demonstrada quando Lucas faz questão de dizer que ali estava "Maria, a mãe de Jesus". Não era qualquer outra Maria, mas ele deixa claro para não restar dúvidas: a Mãe de Jesus estava com eles. Com eles quem? Com os seguidores de Cristo, com os Apóstolos, com aqueles que acreditavam e esperavam nele.

Assim se percebe que Lucas resolve e supera todas as dificuldades frente o crer e não crer, estar dentro ou fora, fazer ou não o caminho de fé. O autor coloca Maria como o elo dos três ciclos e o modelo perfeito de seguimento de Jesus Cristo.

Maria, templo do Espírito Santo, esposa da "Força do Alto", é assim posta como a perfeita figura do discípulo para que todos, desejosos de seguirem a Jesus, tenham nela o exemplo, o modelo perfeito. Em outras palavras, quem quiser seguir verdadeiramente Jesus precisa fazê-lo como Maria. Tendo-a como pedagoga, passando por sua escola. Afinal, sobre Jesus, quem pode entender mais do que Maria, sua mãe?

Assim, os escritos de Lucas apresentam Maria como a mulher de fé, mãe de Cristo e da Igreja, discípula perfeita – ouve, medita e pratica a Palavra. Elo, ponto de convergência para toda a História da Salvação.

Em Lucas o estudo foi bastante denso. Mas precisamos continuar, pois ainda não acabou. E o quarto e último Evangelho. O que tem a falar sobre Maria?

1.3 A pessoa de Maria no Evangelho de João

O Evangelho de João foi o último a ser escrito, por volta do ano 100 d.C. O autor tinha a intenção de mostrar os mistérios de Deus e a revelação por meio de seu filho. Assim, escreve desejando fortalecer os fiéis na certeza de que Jesus é o messias, o Filho de Deus. Também queria chamar aqueles que acreditavam na prática, ou seja, professar na vida; no modo de viver a crença em Jesus e a salvação que alcançaram por meio dele.

O Quarto Evangelho quebra o esquema narrativo dos sinóticos e começa numa linguagem altamente teológica, profunda e poética. Está estruturado em quatro grandes ciclos: prólogo, os sinais, a hora e o epílogo.

A presença de Maria, também aqui, é muito destacada e recebe importância única.

Cumpre lembrar que por se tratar do quarto e último Evangelho escrito a Igreja já havia avançado na pregação, amadurecido na fé e solidificado em muitos aspectos o entendimento daquilo que é essencial ao crer. Por isso, a pessoa de Maria é apresentada por João sob ótica diversa dos demais evangelistas. Certamente porque, já naquele tempo, ela representava mais que sua própria pessoa, mas como Mãe da Igreja era venerada como símbolo da fé e perfeita discípula do Senhor.

João evita chamar Maria por seu nome e para isso há duas explicações mais relevantes, entre outras que encontramos na literatura própria:

1) O nome "Maria" era muito comum naquele tempo de modo que, para não causar confusão ou incerteza ao leitor, João prefere sempre afirmar: a Mãe de Jesus. Assim ela era perfeitamente identificada e não confundida em nenhuma situação.

2) Tendo em vista o tempo histórico em que o Evangelho foi escrito, era mais importante destacar Maria por aquilo que ela efetivamente representa: a Mãe de Jesus, a discípula fiel, modelo de seguimento para todo aquele que desejar ser seguidor de Cristo. Maria não é mais uma pessoa singular, mas representa uma comunidade, um povo, ou, até mesmo, uma ideia.

Há, ainda, uma peculiaridade em João. Quando dizendo Jesus se referir a sua mãe, Ele sempre a chama de Mulher. E por quê? Atente-se a esta explicação! Por ser um Evangelho de grande profundidade teológica; por ser escrito após certa maturidade na propagação da fé; por João conhecer bem as Antigas Tradições e conseguir conectá-las na experiência com o Cristo, ele coloca Maria diretamente e intimamente ligada ao mistério da salvação e a missão de Jesus. Se Jesus é o novo Adão, o vinho novo recriado e modelo de todo homem, Maria é a nova Eva, a nova mulher que rompe com o pecado e se torna modelo para toda a criação. Assim João apresenta Maria como "A Mulher", do Gênesis ao Apocalipse.

João tece o seu Evangelho como um verdadeiro artista: escolhe bem as palavras, apresenta uma estrutura correspondente a sua mensagem, observa e cuida de cada detalhe. Veja bem, ao ler o Evangelho de João, cada pormenor, cada palavra, cada coisa apresentada aparentemente irrelevante – acredite – será de suma importância! O evangelista não joga palavras ao vento e nem desperdiça argumentos ou coloca expressões e informações somente para inflar o seu texto. Pelo contrário, em João, cada detalhe importa. Tudo, absolutamente tudo, tem significado, diz sobre algo que deve ser levado em conta, apresenta uma narrativa profunda. E, é claro, com a pessoa de Maria não seria diferente.

O evangelista fala de Maria de modo evidente duas vezes no Evangelho. São dois textos muito profundos e bem escritos. O estilo, o cenário, as palavras escolhidas, o desenrolar dos acontecimentos, nada está ali por acaso. Maria está presente em Caná. E por sua intervenção, Jesus realiza seu primeiro sinal dando início a sua missão pública e despertando a fé de seus seguidores (Jo 2,1-11). Maria também está presente aos pés da cruz do Senhor (Jo 19,25-27) no momento maior de glorificação e vitória de Cristo, ali está ela, de pé, junto a seu filho. Perceba que Maria está presente no início e ao final do Evangelho. Por meio de sua presença, João forma uma moldura, um quadro, e apresenta a figura de Maria como uma chave de leitura de todo o seu Evangelho.

Vencido o prólogo, João segue seus escritos narrando as Bodas de Caná (Jo 2,1-11). O texto do Evangelho começa dizendo que: "No terceiro dia" (Jo 2,1). Não podemos esquecer que essa expressão bíblica está sempre carregada de muitos significados. "No terceiro dia" ou "três dias depois", tudo isso remete a acontecimentos relevantes da História da Salvação. A semana inaugural começa com João Batista anunciando a chegada do Messias (Jo 1,19.29.35.43). Em seguida, o encontro de Jesus com Filipe e Natanael. Ao falar com Natanael, Jesus cita as Escrituras e a imagem dos anjos subindo e descendo, o que significa a promessa de Deus que irá se comunicar de modo pleno e abrir ao homem as portas da graça, do paraíso.

O terceiro dia faz referência à ressurreição, à manifestação da glória de Deus e à experiência de fé. João coloca no contexto do terceiro dia as núpcias em Caná da Galileia. Uma festa de casamento. Não podemos esquecer que o caminho de salvação no qual Deus conduz o seu povo está sempre envolto na experiência nupcial. Em toda a Sagrada Escritura, especialmente no Antigo Testamento, encontramos expressões como: O Senhor Deus desposou o seu povo (Os 2,19). Há que se lembrar, ainda, que Deus faz uma aliança com seu povo: aliança é sinal de amor, de compromisso. De certo modo, aliança remete a relação conjugal. Os profetas muitas vezes e de diferentes modos usam a imagem da núpcia, da união amorosa entre o homem e a mulher para falar do amor de Deus e do relacionamento dele com seu povo eleito (Is 62,4-5; Os 2,18-22).

O matrimônio sempre foi querido e desejado pelo povo de Deus. Afinal, com o casamento os laços de pertença se fortificavam, as tradições eram garantidas pela união das famílias e a vinda dos filhos assegurava a continuidade e perpetuidade do povo de Deus e da aliança. Desse modo, quando a Bíblia fala em casamento, festas de núpcias, há muitos significados contextuais e implícitos, mais que simplesmente narrar uma história.

Para o povo israelita, ainda hoje, o casamento é algo sagrado. Há muitos rituais que são realizados antes da cerimônia, durante e até após. Por isso, costuma-se demorar semanas até que efetivamente termine os eventos em torno do casamento. Dentre estes eventos sempre recebia destaque especial a festa. E era comum oferecer grandes banquetes (Gn 29,22; Jz 14,10).

Em muitos lugares, sobretudo entre determinados clãs familiares – cumpre lembrar, novamente, que a organização social daquele tempo era muito diferente da contemporaneidade, as famílias viviam em grupos maiores e não nuclear – em determinadas vilas e pequenas cidades as festas duravam até sete dias. Vejamos:

> Termina a semana nupcial com esta, e depois te será dada também a outra (Gn 29,27).

E mais:

> "Quero propor-vos um enigma", disse-lhes Sansão. "Se, durante os sete dias de festa, conseguirdes decifrá-lo corretamente para mim, eu vos darei trinta túnicas de linho e trinta trajes" (Jz 14,12).

E, por fim:

> O próprio Aicar e Nadab, dentre seus irmãos, vieram à casa de Tobias. E celebraram-se as bodas alegremente, durante sete dias, sendo-lhe oferecidos muitos presentes (Tb 11,18-19).

Outra expressão marcante da cultura judaica, presente ainda nos tempos atuais, é o vinho. Muitas famílias tinham sua própria vinícola e produziam vinho para o próprio consumo e para o comércio. Não é irrelevante o fato de que em muitas passagens nas Escrituras, tanto no Antigo quanto no Novo Testamento, a uva, a videira, o vinho são usados para contar parábolas, certas histórias e para fazer comparações e ensinar. O vinho fazia parte da cultura daquele povo e era comum tomar vinho quotidianamente como uma bebida comum à mesa. Sobretudo em uma festa de casamento o vinho era elemento essencial. Faltar vinho significava um vexame para aquela família, uma vergonha irreparável, algo que marcaria para sempre aquele lugar, aquela família e aqueles nubentes.

Diz João em seu Evangelho:

> No terceiro dia, houve um casamento em Caná da Galileia, e a mãe de Jesus estava ali. Também Jesus e seus discípulos foram convidados (Jo 2,1-2).

As bodas em Caná servem de metáfora para tematizar a Aliança de Deus com seu povo. A mãe de Jesus estava presente, diz o autor. Mas, também Jesus e seus discípulos foram convidados. Veja que João afirma que Maria já estava presente. Ele destaca no tempo e no espaço a presença de Maria e a de Jesus. Voltando um pouco atrás do que foi falado até agora, Maria personifica o antigo Israel, o povo da Aliança que aguardava o cumprimento da promessa do Senhor. Assim, Maria, como judia que era, estava vinculada à Antiga Aliança. Também aguardava o cumprimento da promessa. Ela faz parte daquele povo que ansiava a vinda do Messias. Portanto, ela "chegou primeiro" às núpcias de Deus com seu povo. Enquanto Maria pertence ao Antigo Testamento, Jesus inaugura o Novo Testamento. A Mãe de Jesus pertence à Antiga Aliança. Já, Jesus é o primórdio da nova e eterna Aliança, aquela definitiva na qual Deus se revela plenamente.

Maria já estava aguardando quando Jesus chegou. E Ele não chega sozinho, mas traz consigo seus discípulos. Ou seja, ao prelúdio da nova e eterna Aliança, Jesus se revela aos seus seguidores e desperta neles a fé, formando, desse modo, a Igreja, novo povo de Deus. Aqui vemos Maria – que já estava –, os discípulos que realizam o processo de seguimento, e ao centro: Jesus, o Verbo de Deus encarnado que se revela e estabelece a Aliança definitiva, o casamento pleno – pelo seu sangue – entre Deus e o seu povo.

Maria, Jesus e seus discípulos estão na festa de casamento. Ao perceber que o vinho estava no final e que iria faltar – sabendo que a falta de vinho nas festividades nupciais representaria uma tragédia – Maria toma partido e sua atitude chama a atenção.

Disse Maria, a mãe de Jesus:

> Faltando o vinho, a mãe de Jesus lhe disse: "Eles não têm mais vinho!" (Jo 2,3).

Lendo com atenção o texto, destaca-se a atitude de Maria. Ela intercedeu por aqueles nubentes. Sabendo que o vinho estava para findar, foi até Jesus e pediu que Ele fizesse algo: "Eles não têm mais vinho" (Jo 2,3).

A fala da Mãe de Jesus e a sua intervenção estão repletas de significados. No contexto da leitura presente, Maria – como a figura da Antiga Aliança – abre o caminho para que Jesus – a nova e eterna Aliança – se apresente e se estabeleça.

O vinho, aqui tomado simbolicamente na relação nupcial, representa o amor. Há outras passagens das Sagradas Escrituras em que, neste mesmo sentido, o vinho é dito como o símbolo da entrega, do compromisso, do sacrifício e do amor total – sem reservas. No pequeno livro do Cântico dos Cânticos o vinho é mencionado por seis vezes e em todas elas atrelado ao amor. Alguns exemplos:

> Que ele me beije com os beijos de sua boca! São melhores que o vinho teus amores, como a fragrância dos teus refinados perfumes (Ct 1,2-3).

Ainda:

> Teu umbigo é uma taça torneada onde nunca faltará vinho de qualidade; teu ventre é um monte de trigo cercado de lírios (Ct 7,3).

E mais:

> Teu paladar será como vinho excelente, digno de ser bebido por meu amado e degustado por seus lábios e dentes (Ct 7,10).

E, por fim:

> [...] E eu te daria um copo de vinho aromatizado e o suco de minhas romãs (Ct 8,2).

No livro do Eclesiástico (Sirácida) o vinho aparece como algo que dá sentido à vida, que é capaz de realizar o homem e dar significado ao seu sacrifício e aos sofrimentos que enfrenta. Leia-se:

> O vinho é como vida para as pessoas, desde que o bebas com moderação. Que vida leva aquele a quem falta o vinho? Que coisa defrauda a vida? A morte. O vinho foi criado para a alegria (Sr 31,32-35a).

Que vida pode levar aquele a quem falta o vinho? É o questionamento que encontramos no livro do Eclesiástico. A falta de vinho degrada a vida, leva à morte. Pois o vinho dá sentido à existência, dá alegria e paz e ensina a enfrentar as dificuldades da vida dando significado para cada passo.

Sabendo de tudo isso, a Mãe de Jesus intercede pelo povo e clama a seu Filho: "Eles não têm mais vinho" – disse Maria. A expressão profunda deste texto está em dizer que o povo de Deus, pertencente à Antiga Aliança, estava cansado com a demora do cumprimento da promessa do Senhor. O cansaço tinha gerado falta de esperança. Inimigos e opressores haviam tomado as rédeas da grande nação: opressão, medo e morte. Os sacerdotes e cuidadores do templo tinham se alinhado em interesses escusos e avessos ao projeto de salvação. O povo estava abatido, machucado – sem vinho, sem salvação. Vendo tudo isso, ela que é pertencente a este povo e fazendo o caminho do discipulado e da fé em Cristo, Maria faz a passagem do Antigo para o Novo, do que era somente uma promessa para o seu pleno cumprimento, e clama a Jesus: eles não têm mais vinho!

Nesta cena há uma intervenção (intercessão) clara e discreta de Maria. Ela não pede nada para si. Não se trata de um favor pessoal, mas ela clama por seu povo, o povo de Deus, representado nesta festa de casamento. A mãe de Jesus estava atenta às necessidades de todos e não titubeia em interceder em favor dos seus. Maria demonstra grande fé em seu Filho por meio desta ação. Ela coloca nele sua esperança e confiança. Sua frase demonstra um pedido de ajuda, um clamor por auxílio, um rogo de quem tem fé.

A resposta de Jesus à intercessão de sua mãe por aquele povo soa estranho aos nossos ouvidos:

> Jesus lhe responde: "O que há entre mim e ti, oh mulher? A minha hora ainda não chegou" (Jo 2,4).

As palavras de Jesus parecem grosseiras e desrespeitosas. Mas, como já dito, insistentemente, para entender bem um texto é preciso compreender o seu contexto. Jesus remete sua ação "a hora"! No contexto do Evangelho de João há na terceira parte todo o desenvolvimento dessa hora. Por "hora", o sentido teológico profundo, está que o momento certo da revelação de Jesus como Messias e Salvador, para restaurar todas as coisas e firmar a nova e eterna Aliança, será em seu sacrifício de amor no alto da cruz – o vinho novo!

Pela expressão "minha hora" deve-se entender todo o mistério da paixão, morte e ressurreição do Senhor. O mistério pascal que será o sinal de salvação no qual Deus se revelará plenamente. Jesus diz a Maria que é necessário viver o processo, que não pode ser de "uma hora pra outra" e aquele, ainda, não é o momento propício para se revelar. Esse argumento fica mais evidente quando chegamos no capítulo 17 do Evangelho, quando Jesus diz: "Pai, chegou a hora, glorifica o teu filho, para que teu filho te glorifique" (Jo 17,1).

"O que há entre mim e ti?" – disse Jesus. Parece que Jesus teria desrespeitado sua mãe. Mas em cada tempo há uma linguagem própria para expressar o que se quer dizer. "O que há entre mim e ti?"; "o que temos a ver com isso"; "que conta tenho com isso"; embora pareçam formas grosseiras de dizer – sobretudo na linguagem coloquial, nas expressões mais populares –, na verdade, expressam dúvida, incerteza, precaução e indagação. Nas Sagradas Escrituras há outras fórmulas como esta:

> Que há entre mim e ti para que venhas combater em minha terra? (Jz 11,12).

Também:

> Que temos nós contigo, Jesus nazareno? Viestes para nos arruinar? (Lc 4,34).

Jesus expressa por meio deste questionamento não ter chegado sua hora. Ele faz, assim, a passagem daquilo que é literal para o sentido expresso. Não se trata simplesmente de vinho, mas de anunciar que o Messias havia chegado e que o tempo da salvação estava próximo. João usa sempre estes paradoxos e paralelismos em seu Evangelho. Por meio de elementos comuns ele constrói a narrativa e ajuda a entender o sentido mais profundo. Mas é necessário fazer a passagem do texto ao contexto, do literal ao semântico. Há em outros trechos deste Evangelho a mesma estrutura:

Nicodemos – necessário vos é nascer de novo – conversão e mudança de vida (renascimento); Samaritana – água no poço que mata a sede – Água Viva, fruto do Espírito e experiência de Deus; Caná – vinho, bebida, festa de casamento – o sinal de que o Messias já havia chegado, o cumprimento da promessa: Deus veio despojar e salvar definitivamente o seu povo!

Mas, ainda há um incômodo diante de leitores pouco atentos. Por que Jesus chamou sua mãe de "mulher"? Não seria isso um modo desprezível? Até um desrespeito com sua mãe?

Há uma razão muito profunda para Jesus, no Evangelho de João, chamar sua Mãe de "Mulher". Jesus sabe que Maria, mais do que sua mãe – embora ser Mãe de Deus já não seja pouca coisa –, é a grande Mulher: a nova Eva, aquela na qual toda criação se renova pela graça misericordiosa de Deus. A pessoa de Maria vai muito além dela mesmo, pois simboliza um povo milhares de anos caminhando rumo a Deus, uma passagem do antigo para o novo.

Ao usar a expressão "Mulher", Jesus – Verbo de Deus – retoma toda a história da criação, assim como João faz no início de seu Evangelho. Basta voltar na primeira página. Perceba, com atenção, como João começa sua mensagem:

> No princípio era a Palavra, e a Palavra estava com Deus e a Palavra era Deus. Ela estava no princípio com Deus. Tudo foi feito por meio dela, e sem ela nada foi feito de tudo o que foi feito (Jo 1,1-3).

Note que toda a criação foi feita por meio do Verbo e sem o Verbo – a Palavra – nada teria sido feito. Desse modo, em Cristo toda a criação que outrora andava pelas vias do pecado, agora nele encontra redenção e tudo é recriado a partir dele: Ele, o Homem, o novo Adão. Maria, a Mulher, a nova Eva. O que a desobediência do pecado fez no mundo por meio de Adão e Eva, a graça misericordiosa e poderosa de Deus restaurou por meio de Cristo e de Maria. Para entender bem tudo isso, tome em sua Bíblia e leia na Carta de São Paulo aos Romanos: 5,12-21. Veja aqui um pequeno trecho:

> Com efeito, pela desobediência de um só homem, muitos se tornaram pecadores, assim também, pela obediência de um só, muitos se tornarão justos (Rm 5,19).

João começa seu Evangelho com a palavra: No princípio! Veja que ele – diferentemente dos outros três Evangelhos –, numa linguagem mais teológica, volta às origens da criação para aprofundar o mistério do Cristo. E, assim fazendo, relê toda história humana – e do povo de Deus – a partir da salvação que Jesus nos conquistou.

Ao chamar sua mãe, Mulher, Jesus a coloca dentro do plano de Deus e a toma como modelo de toda a humanidade que antes pecadora por causa de Adão e Eva e, agora, chamados à santidade por meio dele e de Maria.

Em Caná, a cena se desenvolve num contexto matrimonial. Deus faz uma aliança com seu povo e a renova pelo seu Filho como nova e eterna. Ali se apresenta a cena da nova criação, remida por Cristo. Assim como na primeira criação, homem e mulher feitos à imagem e semelhança de Deus se entregaram ao pecado e ao orgulho. Agora, também um homem e uma mulher se entregam a Deus como sinal de fidelidade, renovando tudo o que foi criado e mergulhando na graça original.

E nesta nova criação, Cristo vence o pecado e a morte. E a Mulher vence as investidas do Demônio. Ao chamar sua Mãe de Mulher, Cristo a torna partícipe do mistério redentor. A nova Eva. Leia com atenção o chamado protoevangelho que faz referência direta ao texto de João:

> Porei inimizade entre ti e a mulher, entre tua descendência e a dela. Esta te ferirá a cabeça e tu lhe ferirás o calcanhar (Gn 3,15).

Se Eva cedeu ao jogo sujo da serpente e desobedeceu a Deus, Maria, pelo contrário, discípula e serva fiel, se põe totalmente entregue ao Senhor. E, desse modo, em Cristo, vence as forças do mal e, com Ele, pisa a cabeça da serpente.

Mas a missão da Mulher não termina aqui. Vejamos o que está no livro do Apocalipse, cujo autor também é João:

> Quando viu que tinha sido lançado à terra, o dragão começou a perseguir a mulher que tinha dado à luz o menino. [...]; A serpente, então, vomitou como que um rio de água atrás da Mulher a fim de submergi-la. [...]; Enfurecido contra a Mulher, o dragão começou a combater o restante dos filhos dela, os que guardam os mandamentos de Deus e mantêm o testemunho de Jesus (Ap 12,13.15.17).

Se Eva cedeu à tentação, Maria – a Mulher – a venceu por sua obediência, amor e entrega a Deus. E veja que em Apocalipse, João indica a maternidade de Maria, assim como Jesus quis: [...] o Dragão começou a combater o restante dos filhos dela. Mas quem são estes outros filhos? O próprio João explica: os que guardam os mandamentos de Deus e mantêm o testemunho de Jesus.

A Mulher da nova criação – esta é Maria. E por isso Jesus a chama assim. Também há que se dizer: na pessoa de Maria, como já foi dito, se personifica todo o povo de Israel. Ela, a Filha de Sião, a Virgem casta, a Virgem de Israel, que leva seu povo à passagem do antigo ao novo e à fé em Jesus Cristo. "Mulher" também significa todo aquele povo no caminho de fé. Não sem razão, em seu Evangelho, ele narra muitas cenas sendo mulheres protagonistas: a samaritana (Jo 4,21); Maria Madalena (Jo 20,15) etc.

E, por fim, há ainda que se verificar que os antigos profetas usavam da figura da mulher para representar o povo de Deus na aliança com o Senhor dos Exércitos:

> Quanto à nossa nação, Senhor, tu a aumentaste, aumentaste a nação e foste glorificado; alargaste todas as fronteiras de nossa terra. Senhor, na angústia eles te buscaram; derreteram-se em preces, quando a tua correção os atingiu. Como a mulher grávida, aproximando-se a hora do parto, contorce-se e grita nas suas dores, assim estávamos nós, Senhor, na tua presença (Is 26,15-17).

E, ainda:

> De longe, o Senhor me apareceu: Com amor eterno eu te amei, por isso te atraí com misericórdia! Vou reconstruir-te e construída serás, virgem Israel. De novo pegarás o pandeiro e sairás dançando alegremente (Jr 31,3-4).

Assim percebemos que ao chamar Jesus sua mãe de "Mulher" não se trata de uma ofensa ou desleixo. Pelo contrário, Ele a reconhece, sabe quem ela é, e, por isso, a coloca em seu lugar. Maria é "a Mulher" da nova criação. Ela é a grande Mulher desde o Gênesis ao Apocalipse. Ela é a figura perfeita do povo de Deus que é salvo pelo sangue do Cordeiro.

Continuando a leitura do texto: Maria disse: Fazei tudo o que ele vos disser (Jo 2,5). Perceba a grande força simbólica que está presente nestas palavras de Maria. João destaca essa fala a fim de apresentar um novo traço na pessoa de Maria. Se no Evangelho de Lucas, como outrora vimos, Maria, na cena da anunciação, diz: Eis aqui a serva do Senhor. Faça-se em mim segundo a vossa palavra (Lc 1,36). Aqui, no Evangelho de João, Maria não somente se entrega e realiza a plena vontade de Deus, mas também orienta os outros, indica o caminho, aponta para o Cristo. Note que há um percurso – um aprofundamento da perspectiva – do foco da narração. Amplia-se o sentido e há um convite para caminhar mais profundamente. Maria, que para Lucas é a perfeita discípula e seguidora de Jesus, agora, para João, ela é aquela que guia o povo a Jesus, a pedagoga, aquela que aponta para o Cristo. Há aqui uma incomparável intercessão de Maria. Ela vem em socorro, ajuda, põe-se à disposição e pede a Jesus pelas necessidades daquele povo. Sua figura materna aqui se revela intercessora, discípula e pedagoga, levando todos a Jesus e apontando que o caminho é fazer a vontade dele. Se na Antiga Aliança Moisés apontava ao povo a vontade de Deus: O povo inteiro respondeu a uma só voz: "Poremos em prática tudo o que o Senhor falou". E Moisés transmitiu ao Senhor as palavras do povo (Ex 19,8). Agora, na Nova e Eterna, Maria aponta para o Redentor: Fazei tudo o que ele vos disser (Jo 2,5).

"Mudou da água para o vinho" – como essa expressão é ouvida e dita quando se quer expressar uma mudança total, radical, sem precedentes! O vinho na cultura judaica é o símbolo da alegria, da fartura e justamente isso que os profetas anunciavam que iria acontecer com a chegada do Messias. Ao mudar a água em vinho, João está explicando que Jesus é o Messias esperado. O Noivo que veio se casar e buscar sua noiva – a Igreja, novo povo de Deus. O povo de Israel que estava cansado, sem esperança, oprimido, agora em Cristo é salvo e remido de seus pecados. Vinho novo, tempo novo! O Vinho novo é o próprio Jesus que cumpre a promessa de Deus e renova a Aliança de uma vez por todas, chamando toda a humanidade à conversão.

Havia seis talhas, diz João. O número seis na Bíblia tem grande simbolismo. Representa aqui, neste contexto, a imperfeição de Israel. Embora buscando cumprir a Lei de Deus, haviam se afastado e transformado a prática religiosa num simples legalismo obsoleto. Não havia mais expressão de amor, amizade e relacionamento com Deus, mas a opressiva observação de regras, sem frutos espirituais. Assim, era necessário o vinho novo, na talha nova, para mudar a relação do homem com Deus.

Veja o detalhe que São João apresenta: enchei-as até a borda (Jo 2,7). Ao dar esta ordem, Jesus quer expressar que depois dele não haverá outro. Ele é o vinho novo, a esperança cumprida, a promessa revelada. "Cheias até a borda" significa plena, completa, sem espaço para mais. Em Jesus, Deus se revela totalmente ao homem, Cristo é o ápice, o cume da revelação de Deus.

O Mestre-sala ao tomar o vinho se impressiona: Tu guardaste o vinho bom até agora (Jo 2,10). Não há nada melhor que Jesus. Chegou o tempo messiânico! Deus cumpriu sua promessa esperada há tantos anos. Eis que chega o salvador.

E, assim, chega-se ao escopo de toda narrativa de João: "Foi o início dos sinais que Jesus fez, em Caná da Galileia. Manifestou a sua glória e seus discípulos creram nele" (Jo 2,11). Aqui está a centralidade de toda a narrativa: despertar a fé em Jesus Cristo. E, para esse ato de chamar todos à fé, quem foi fundamental? Quem deu o "pontapé" inicial? Maria – a Mulher –, Mãe de Jesus. Por meio dela – por um pedido e apresentação dela – os discípulos creram nele. Não há outro modo de interpretar, senão percebendo a essencialidade, conforme expõe João, de Maria como pedagoga, guia dos homens a Jesus. Ela levou o povo a crer em seu Filho. O relato de São João em Caná, de fato, apresenta Maria como a Mãe de Jesus, mas também mãe da Igreja – comunidade cristã. Ela indica o Cristo e ensina os discípulos, os servidores, os convidados a realizarem a vontade dele. Maria ensina o caminho de seguimento e convoca os discípulos a terem fé em Jesus.

Maria é coprotagonista da cena de Caná. Junto a Jesus, ela tem participação central e fundamental: a Mulher – símbolo da nova criação, nova Eva; a pedagoga – aquela que desperta a fé e indica o caminho, ensina sobre o seguimento de Cristo; Mãe de Jesus e da Igreja – ela acolhe e intercede por toda a comunidade cristã; a intercessora – sem ela, sem seu pedido, Jesus não teria se revelado ali, pois ainda não era sua hora; Ela leva o povo a crer em Jesus. Maria crê em Deus, segue sua vontade e ensina os que desejam seguir a Jesus os caminhos da fé e do discipulado.

Há ainda um segundo momento extremamente importante e marcante da presença de Maria no Evangelho de João. Maria aos pés da cruz:

> Junto à cruz de Jesus estavam de pé sua Mãe e a irmã de sua mãe, Maria de Cléofas, e Maria Madalena. Jesus, ao ver sua Mãe e, ao lado dela, o discípulo a quem amava, disse à mãe: "Mulher, eis o teu filho!" Depois disse ao discípulo: "Eis tua mãe!" A partir daquela hora, o discípulo a acolheu em sua casa (Jo 19,25-27).

Ao colocar Maria no início da vida pública de Jesus, em Caná da Galileia, e ao final, em sua plenificação na cruz, João apresenta um quadro narrativo, uma moldura, na qual a Mãe de Jesus é figura fundamental, pois caminhou com ele todo tempo, do início ao fim. De sua revelação em Caná até a glorificação na cruz.

Maria, o discípulo amado e as outras estavam ao pé da cruz porque perseveraram até o fim. Conseguiram realizar a passagem e entrar definitivamente no caminho do discipulado. João ressalta insistentemente a perseverança como valor. Seguir a Cristo, como ensina o evangelista, é um compromisso de vida, um caminho, que passa por dificuldades, lutas, sofrimentos, mas também alegrias, graças e bênçãos e, ao final, está em permanecer com Jesus onde Ele estiver.

Há que se observar que a visão e narrativa de João é diferente dos outros Evangelhos. Enquanto os outros retratam a crucifixão como sinal de dor, de derrota, de sofrimento, João lê de outro modo; para ele, Cristo é glorificado, vai para a cruz como um rei, antecipa sua glorificação. Para João, Cristo não é entregue, mas Ele mesmo, livre e consciente, se entrega para fazer a vontade do Pai. Jesus se dá, se entrega, pois, nenhum poder humano, na narrativa de João, seria capaz de tomar Jesus.

No momento máximo de sua glória, estando presente sua Mãe e o discípulo que Ele amava, Jesus solenemente entrega Maria aos cuidados do discípulo e, também, pede a Maria que cuide daquele seguidor amado. Necessário perceber a duplicidade de sentido: Maria, mãe de Jesus e da Igreja; Discípulo amado, filho de Maria e membro da Igreja.

Observe que a cena não se trata de resolver uma dificuldade familiar: quem cuidará da Mãe de Jesus depois que Ele morrer? Não, nada disso! A linguagem e os sinais são muito mais profundos e têm muito mais a dizer e ensinar. Jesus oferece sua Mãe para cuidar da Igreja nascente. Como em Caná, Maria irá sempre interceder em favor dos discípulos de Jesus. Será ela o modelo fiel de seguimento de Cristo e ensinará a todos a "fazer tudo o que ele disser". Por meio de Maria os novos cristãos irão conhecê-lo, amá-lo e se reunirão em torno dele.

Na pessoa do discípulo amado há presente a figura da Igreja e de seus membros, discípulos missionários de Jesus Cristo. Em Maria está a figura de todo Israel, da Nova Aliança, o antigo povo de Deus que agora se congrega em novo povo, pelo sangue de Cristo, a Igreja.

Não há dúvidas, pois na cruz o próprio Centurião Romano reconhece a divindade de Jesus: "De fato, este homem era o Filho de Deus" (Mt 27,54). Sendo Ele o Cristo, congrega o povo de Deus em uma nova comunidade – a

Igreja –, pede a Maria que zele, como mãe, por este novo povo e aos seus discípulos e seguidores pede que acolham sua Mãe como sendo a própria mãe de cada um. Assim, a Igreja, novo povo de Deus, nascida no sangue de Cristo derramado na cruz, reúne os filhos de Deus; tem Maria por mãe, da própria Igreja e de cada discípulo-fiel e realiza o sinal escatológico da presença de Jesus no tempo e no espaço, na espera ansiosa de sua segunda vinda.

Portanto, no Evangelho de João, Maria é apresentada como membro constitutivo da Igreja – comunidade de fé –, a Mulher da História da Salvação, a Mãe da Igreja, missão esta dada a ela pelo próprio Jesus, e nela se encarna a imagem de todo o povo de Deus como protótipo, modelo de seguimento perfeito e fiel a Deus – "faça-se em mim" e "façam tudo o que Ele vos disser".

João não é somente o autor do Evangelho. Ele também escreveu cartas e o livro do Apocalipse. Antes de avançarmos neste percurso, no ensejo de já mergulhados na teologia joanina, é hora de caminhar ao Apocalipse, pois ali também há uma presença marcante de Maria.

1.4 A pessoa de Maria no Apocalipse

O livro do Apocalipse de São João desperta medo em muitas pessoas. Alguns afirmam que há nele profecias terríveis sobre o fim do mundo e coisas que irão acontecer que ninguém sabe explicar muito bem. Para sanar as dúvidas e a falta de conhecimento sobre esse livro da Bíblia é preciso observar o que o texto, no seu contexto, à luz do Magistério da Igreja e da Tradição, tem a ensinar.

A palavra "apocalipse" significa revelação. Mas não uma revelação futurística, baseada no medo e em profecias irreveláveis. Pelo contrário, o Apocalipse de João comunica o anúncio da vinda de Cristo, assim como sempre creram e esperaram os primeiros cristãos. Esperança essa que se revelará na glória de Deus e na batalha final com o maligno.

Basta ler com atenção os primeiros versículos do livro:

> Revelação de Jesus Cristo, que Deus lhe deu para que mostrasse aos seus servos as coisas que devem acontecer em breve. Ele a deu a conhecer, pelo seu anjo, a seu servo João, que atesta a palavra de Deus e o testemunho de Jesus Cristo, segundo o que viu. Bem-aventurado aquele que faz a leitura, e bem-aventurados aqueles que ouvem as palavras da profecia e guardam o que nela está escrito, pois o tempo está próximo (Ap 1,1-3).

O livro do Apocalipse foi escrito, aproximadamente, no ano 100 d.C. ou seja, a partir da experiência com Jesus ressuscitado e na expectativa de sua volta, conforme prometeu. Devido a grande perseguição que sofriam os cristãos, o abandono da fé por muitos, as mortes e sacrifícios que terrivelmente sofriam, o autor retrata no Apocalipse esta luta entre o bem e o mal. Há um lado os filhos de Deus e do outro os partidários do maligno.

Está premente no livro do Apocalipse uma forte eclesiologia: a Igreja – novo Israel – é perseguida e sofre as penas junto ao seu fundador, Nosso Senhor Jesus Cristo. Mas há, também, a possibilidade de ler os textos encontrando neles aspectos mariológicos, uma vez que Maria – mãe e modelo da Igreja – encarna em si o novo povo de Deus, é figura da nova humanidade e, por isso, a vitória da Igreja é também sua vitória.

Encontramos no Apocalipse algumas referências sobre "A Mulher" e já sabemos bem o que isso significa; afinal, é a linguagem própria do Discípulo amado em seus escritos. Mas há duas passagens especiais que chamam atenção: Ap 12 e 13. Tome sua Bíblia e leia estes dois capítulos.

O autor narra a cena de uma mulher em dores de parto. Não se trata de uma mulher qualquer, mas estava ela revestida de sol, a lua debaixo de seus pés e uma coroa de doze estrelas em sua cabeça. Há um sinal de glorificação. Há um sinal grandioso que recorda a descendência da mulher como já visto em Gn 3,15, no protoevangelho. O autor usa um paralelo: A mulher – Israel que espera = a nova Mulher – o cumprimento da promessa de Deus: o novo Israel, a Igreja – novo povo de Deus.

Os elementos literários têm muito a dizer:

Sol: uma mulher vestida de sol = aproxima a mulher da figura de Sião – a filha de Sião, conforme está escrito em Is 52,1: vestida de magnificência. E em Is 61,10: vestida com as vestes da salvação.

- Lua: a lua debaixo dos pés. Há que se lembrar que a lua rege as estações. Certamente, você já ouviu as pessoas conhecedoras da natureza dizer que certas sementes devem ser plantadas em determinada estação da lua: lua crescente, minguante, nova, cheia etc. Também o mar sofre atração pelas estações. Dependendo da fase em que a lua se encontra o mar fica mais calmo, com ondas menores e mais tranquilas, ou mais nervoso. A maré é orientada pela força lunar. Por isso, a lua debaixo dos pés simboliza que toda a criação e as forças que a regem estão asseguradas no nascimento do Filho da Mulher. "A Mulher" é modelo de toda criatura, tudo o que existe encontra nesta nova criatura o perfeito ícone de seguimento e fidelidade a Deus.

- Coroa de 12 estrelas: Assim como a lua, as estrelas servem de orientação aos navegantes e tripulantes. Não por acaso Maria também é chamada na Ladainha de: Estrela do Mar. No sinal do Apocalipse, as 12 estrelas da coroa simbolizam as doze tribos de Israel, e que, agora, a Igreja – novo povo de Deus – se funda sob os doze apóstolos.

- Dores do parto: dá sentido a passagem da dor que sentiram os apóstolos com a morte de Jesus. E, ao mesmo tempo, a alegria quando da ressurreição. A experiência com o Ressuscitado fazendo a passagem – páscoa – da morte para a vida, da tristeza para a alegria frente à hostilidade do dragão, o inimigo, que queria devorar o menino.

Vemos expresso no texto do Apocalipse uma narrativa eclesiológica. Mas, o que se fala da Igreja também pode ser aplicado a Maria e vice-versa.

A Mulher do Apocalipse na grande batalha contra o maligno, sob as ordens de Miguel – Quem como Deus –, o arcanjo de Deus, encontra os mesmos sinais prefigurativos em Cântico dos Cânticos:

> Quem é esta que avança como aurora, bela como a lua, incomparável como o sol, terrível como um exército em ordem de batalha? (Ct 6,10).

Assim sendo, no Apocalipse, Maria é apresentada sob este paralelismo com a Igreja. O autor deixa marcada a experiência de fé no combate entre o bem e o mal, as forças de Deus e as do maligno no qual o símbolo da Mulher e da Igreja é a referência ao povo cristão na luta contra Satanás – o acusador – sobre o comando do Arcanjo Miguel.

1.5 Maria e o Novo Testamento

O Novo Testamento é composto por 27 livros. Nele está o testemunho escrito das primeiras gerações dos seguidores de Jesus Cristo. Ali se encontram narrativas da historicidade de Jesus, seus discípulos, seus feitos e, também, a Igreja nascente e das primeiras comunidades. O Novo Testamento começa com os quatro Evangelhos: Mateus, Marcos, Lucas e João. E é seguido pelos Atos dos Apóstolos – que narra os acontecimentos da Igreja nascente – e depois as cartas, finalizando com o Apocalipse.

Já foi feito um longo e belo caminho para conhecer e descobrir a figura de Maria na Bíblia: caminhamos pelos quatro Evangelhos e pelos livros de Atos dos Apóstolos e Apocalipse. Mas, por que vimos de modo destacados estes dois livros? Por uma questão didática. Para melhor desenvolver a pedagogia desta catequese, analisar o livro dos Atos e o Apocalipse junto aos Evangelhos de Lucas e João traz uma melhor compreensão uma vez que a mentalidade do autor está presente em ambas as obras. Assim, ao conhecer como o evangelista apresenta Maria, vimos, também, como o faz em seus outros escritos.

Enfim, adentramos agora como os outros livros do Novo Testamento falam de Maria.

O livro da Nova Aliança – modo como também é chamado o Novo Testamento – apresenta a pessoa de Maria de modo bastante denso, mas, ao mesmo tempo, numa narrativa sóbria. Maria está inserida, totalmente imersa, no mistério da Salvação. Ela encarna a figura da nova criação, de todo ser humano diante do apelo de Deus para salvar em Cristo a humanidade.

Maria é apresentada na singularidade em ser a Mãe do Senhor – sua vocação e missão – e pela intensidade de sua relação com o Filho, com a Trindade, com Israel e com a Igreja.

Nos outros livros do Novo Testamento, requer maior atenção os escritos de São Paulo. Especialmente em sua carta aos Gálatas:

> Quando se completou o tempo previsto, Deus enviou seu Filho, nascido de mulher, nascido sujeito à Lei para resgatar os que eram sujeitos à Lei, e todos recebemos a dignidade de filhos (Gl 4,4-5).

A Carta de São Paulo aos Gálatas foi escrita em torno dos anos 49-53 d.C. em uma de suas viagens apostólicas. Este é o texto mais antigo do Novo Testamento que traz referência sobre Maria. Afinal: Deus enviou seu Filho, nascido de uma mulher (Gl 4,4). Quem é essa mulher? Maria!

Há uma grande densidade teológica no texto, pois fala da plenitude do tempo, ou seja, quando chegou o momento exato para o qual Deus tudo tinha preparado. Ele enviou seu Filho único, o Verbo, para revelar-lhe a face. Este, nascido de uma Mulher – Maria, a Mãe do Senhor – escolhida dentre todas as mulheres. Para libertar do julgo da lei, uma expressão religiosa legalista que se baseava simplesmente no cumprimento de regras sem a verdadeira conversão do coração.

São Paulo, quando fala que o "Filho nasceu de uma mulher", expressa a grandiosa proximidade da "Mulher" com o centro escatológico da história e o seu lugar privilegiado na História Soteriológica. Há, neste pequeno trecho do Novo Testamento, profunda Mariologia e Cristologia por meio da maternidade divina de Maria na perspectiva de trazer ao mundo o Salvador feito homem.

Mas, por que Paulo não fala mais sobre Maria em suas cartas que formam a maior parte – em número – do Novo Testamento? É preciso lembrar que São Paulo não viveu com Jesus. Ele não fez parte do grupo dos primeiros. Certamente, ele não conheceu Maria pessoalmente, mas por meio dos relatos dos outros discípulos. Paulo nem mesmo, conheceu Jesus pessoalmente em vida terrena. Tanto que ele relata pouquíssimos fatos a respeito da vida de Jesus, seus acontecimentos, sinais e milagres. Paulo – Saulo – era perseguidor de Cristãos até que viveu uma experiência de fé com Jesus ressuscitado. Faça uma parada e leia todo o capítulo 9 do livro dos Atos dos Apóstolos para entender a experiência de Deus que Paulo viveu.

Paulo vive uma revisão de fé a partir de Jesus ressuscitado. Por isso, em seus escritos ele se detém em ensinar sobre o mistério da salvação, o querigma – a paixão, morte e ressurreição de Jesus – e o modo como todo discípulo-missionário de Cristo deve viver. A densidade e importância das Cartas de Paulo são fundamentais para o conhecimento da fé e da formação dos seguidores de Jesus.

Assim, verificamos que os textos bíblicos nos quais explicitamente se fala sobre Maria estão nos Evangelhos e nos Atos dos Apóstolos. Embora, para um bom leitor e entendedor que sabe adentrar o texto no contexto. Para aquele que sabe ler nas entrelinhas e além das palavras no sentido literário e poético, este percebe que há muito sobre Maria em toda a Bíblia.

1.6 Maria e o Antigo Testamento

Ao falar "antigo testamento" não está se referindo a alguma coisa velha e ultrapassada, fora de moda ou retrógrada. Mas se diz sobre algo que veio primeiro, algo que é fundante, essencial, primordial. Só se entende bem o Novo Testamento se souber compreender o Antigo. Alguns autores usam sinônimos para se referir à mesma coisa: Novo Testamento – Nova Aliança – Segundo Testamento e/ou Antigo Testamento – Velha Aliança – Primeiro Testamento. Trata-se aqui apenas de sinonímias, palavras diferentes para se referir à mesma estrutura.

O Antigo Testamento é assumido pelo Novo Testamento e dá a este primeiro o pleno cumprimento. Ele não foi e nem será abolido, mas assumido no Novo como o cumprimento da promessa do Senhor Deus dos exércitos.

O Antigo Testamento é composto por 46 livros – do Gênesis a Malaquias – e narra a ação de Deus na formação do seu povo, a Aliança e suas renovações, a História da Salvação e a libertação do povo de Israel e prefigura a pessoa de Cristo e a plena revelação de Deus. Ele que nascido de uma mulher viria para restaurar seu povo e remi-lo de suas faltas pelo sangue da Nova e Eterna Aliança.

Desse modo, encontramos no Antigo Testamento muitas narrativas, profecias e prefigurações de Cristo. Do mesmo modo, também se encontram algumas referências prefigurativas sobre Maria. É certo que algumas destas interpretações são posteriores, mas, de fato, há grande ligação entre os mistérios que se revelaram na plenitude dos tempos (Gl 4,4) com as narrativas das antigas experiências de Deus.

Já no primeiro livro da Bíblia – o livro do Gênesis – há uma prefiguração de Maria que se refere ao Evangelho de João – o que os estudiosos das Sagradas Escrituras denominam como protoevangelho.

> Porei inimizade entre ti e a mulher, entre a tua descendência e a descendência dela. Esta te ferirá a cabeça e tu lhe ferirás o calcanhar (Gn 3,15).

Veja que após o pecado de Adão e Eva, Deus se dirigiu à serpente, à mulher e ao homem. Há grande destaque neste versículo 15, pois é chamado de protoevangelho, depois do pecado do homem querendo ser como Deus – ocupar o lugar de Deus. Lê-se, aqui, uma promessa de esperança, de perdão e remissão frente ao pecado da humanidade. Mesmo tendo o homem e a mulher rejeitado o projeto inicial de Deus, a graça inicial, o pecado original não terá a última palavra, mas Deus salvará seu povo.

Os Judeus na diáspora – que viviam fora da Palestina – ao fazer uma tradução da Bíblia referiram que a descendência da mulher iria pisar a cabeça da serpente. Passados alguns séculos, São Jerônimo, ao traduzir a Bíblia para o Latim na chamada *Vulgata*, diz que "ela, a mulher", esmagará a cabeça da serpente.

A Tradição e os ensinamentos dos antigos fizeram entender que Maria esmagaria o mal pelo poder de seu Filho. Sendo ela que traria o Salvador do mundo, modelo da nova humanidade fiel a Deus, caberia a ela esmagar a cabeça do mal. Assim, Santo Efrém, grande devoto de Maria – chamado de "a Lira de Maria" devido aos grandes e belíssimos poemas que compôs em honra a Mãe de Jesus –, escreveu que "assim como a serpente tinha golpeado Eva no calcanhar, o pé de Maria a expulsou". Alguns séculos mais tarde, surge na iconografia e na arte cristã a figura de Maria – a Imaculada Conceição – pisando na cabeça da serpente.

Desse modo, a Mulher do Gênesis, a figura da nova humanidade remida e salva, pisa na cabeça do mal. Se o pecado entrou no mundo por meio de um homem e uma mulher, também por meio de um homem e uma mulher o mal seria vencido (Rm 5,12-19). Logo, é possível que Maria e Jesus tenham pisado a cabeça da serpente. A Mulher e a sua descendência. Assim como vemos em Gn 3,15, Ap 12,14-16 e em Jo 2,4.

Mas não é só. Há também no livro de Isaías uma prefiguração do nascimento de Maria, aquela que seria preparada, gerada e preservada de todo mal em vista do nascimento do Salvador. O nascimento do Filho do Rei que deveria ter, pois, uma Rainha que fosse digna dele. Vejamos:

> Pois bem, o Senhor vos dará um sinal: A virgem ficará grávida e dará à luz um filho, e lhe porá o nome de Emanuel (Is 7,14).

O período bíblico a que se refere este texto foi após o reinado de Salomão. O povo eleito estava dividido em dois diferentes reinos: o reino do Norte (Israel) e o reino do Sul (Judá). A divisão dos reinos acarreta guerras e perseguições. Estando o povo de Deus dividido havia brigas no intuito de legitimar a terra e, até mesmo, para fundamentar quem era autenticamente o povo eleito. Se você ligar a TV e assistir aos noticiários verá que ainda hoje em Israel – na chamada Terra Santa – há brigas e disputas por terra e por legitimidade, algumas delas, ainda oriundas dos tempos bíblicos.

Havia esperança de que alguém iria unificar os reinos, traria paz a Israel e ao povo de Deus e terminaria com todo conflito. Deus manifesta sua vontade por meio do profeta Isaías e ensina a confiança no Senhor Todo-Poderoso.

Anos mais tarde, Mateus retrata tal profecia em seu Evangelho:

> Tudo aconteceu para se cumprir o que havia sido dito pelo Senhor, por meio do profeta: Eis que a virgem ficará grávida e dará à luz um filho. Ele será chamado pelo nome de Emanuel", que significa: Deus conosco (Mt 1,22-23).

Assim, posteriormente, relaciona-se a virgem à Maria, aquela que traria o Salvador para remir os eleitos e reuni-los em um só povo.

Embora já citados em outros momentos é bom recordar alguns trechos importantes do Antigo Testamento que, de forma prefigurativa, alegoricamente expressam a pessoa de Maria e o mistério da salvação pela encarnação do Verbo de Deus.

No Cântico dos Cânticos encontramos:

> Quem é esta que avança como aurora, bela como a lua, incomparável como o sol, terrível como um exército em ordem de batalha? (Ct 6,10).

No livro de Judite, lemos:

> "Tu és bendita, ó filha, pelo Deus altíssimo, mais que todas as mulheres da terra. Bendito é o Senhor, nosso Deus, que criou o céu e a terra, e te conduziu para ferires na cabeça o chefe dos nossos inimigos. O teu louvor não se apagará do coração de todos os que se lembrarem, para sempre, da força de Deus! Que o Senhor te conceda, para a tua exaltação eterna, que Ele te visite com seus bens, porque não poupaste a tua vida por causa da humilhação do nosso povo, mas te opuseste à nossa ruína, correndo diretamente ao alvo, na presença do nosso Deus!" E todo o povo aclamou: "Amém, amém!" (Jt 13,18-29).

Aqui, percebe-se claramente que o texto foi dirigido a Judite, que naquele momento teve papel fundamental na defesa de seu povo. No entanto, prefigurando Maria, São Lucas retoma este texto em seu Evangelho e o coloca em paralelo à Mãe de Jesus (Lc 1,42).

Vejamos ainda no livro da Sabedoria:

> Eu a amei e a busquei desde a juventude e a pretendi como esposa, apaixonado pela sua beleza. A sua convivência com Deus realça a sua nobre origem, pois o Senhor de todas as coisas a amou (Ct 8,1-3).

Maria é tida pelos evangelistas como a Mãe e sede da Sabedoria. Basta lembrar que na Ladainha de Nossa Senhora aclamamos a Virgem como "Sede da Sabedoria". Ela, o modelo de todas as mulheres, fiel a Deus e ao projeto de salvação, é a personificação da Sabedoria de Deus a qual todos os seres criados devem perseguir e se espelhar.

No livro dos Salmos também há referências prefigurativas a Maria:

> "Ouve, filha, vê, inclina o ouvido, esquece o teu povo e a casa de teu pai; e o rei se apaixonará por tua beleza. Pois ele é teu Senhor, prostra-te diante dele. A filha de Tiro vem com presentes; Os ricos do povo procurarão o favor do teu rosto". A filha do rei está esplendorosa lá dentro, toda revestida de bordados de ouro. Com vestidos recamados será trazida ao rei. As virgens depois dela, suas damas de honra, serão apresentadas a ti. Serão trazidas com alegria e júbilo, e introduzidas no palácio real. Na linhagem de teus pais te sucederão teus filhos, deles farás príncipes de toda a terra. Eu comemorarei o teu nome de geração em geração. Por isso os povos te louvarão eternamente, para todo o sempre (Sl 45,11-18).

Ainda no livro do Eclesiástico (Sirácida) lemos:

> Sou a mãe do belo amor e do temor, do conhecimento e da santa esperança. Em mim está toda a graça do caminho e da verdade, em mim, toda esperança de vida e de virtude (Sr 24,24-25).

Maria é a matriz do amor perfeito. Na linguagem de João o "Belo, o Bom" – tal como o "Belo Pastor/o Bom Pastor" – se refere a Jesus Cristo. Maria é a *mater* – a mãe/a matriz – aquela que gerou ao mundo a perfeita Sabedoria: o Verbo de Deus.

Toda a Bíblia converge para o mistério da redenção e não podemos esquecer que esta ação de Deus se dá plenamente em Jesus Cristo por meio da encarnação no seio da Virgem Maria. Assim é possível ler as Sagradas Escrituras a partir desta chave de interpretação.

As grandes mulheres do Antigo Testamento prefiguram Maria na História da Salvação. São doze no total: Eva, Sara, Rebeca, Lia, Raquel, Miriam, Débora, Rute, Ana, Abisag, Judite e Ester – e, por fim, Maria! Não podemos esquecer que essa forma de interpretação é evangélica, pois o próprio Mateus em seu Evangelho coloca Maria como o cume e o centro entre as mulheres no processo salvífico de Deus. Basta reler Mt 1,1-25.

De modo visual, no Santuário Nacional de Nossa Senhora Aparecida (em Aparecida do Norte, SP) há uma rampa em que as pessoas passam diante da imagem de Nossa Senhora em que estão ali estão representadas artisticamente, ao lado da pequena imagem da Senhora Aparecida estas doze mulheres do Antigo Testamento, justamente para simbolizar, e catequisar, que Deus, ao longo do tempo, preparou por meio de outras mulheres o caminho para a chegada da grande mulher, aquela que seria o modelo do novo povo de Deus e que traria o Salvador.

E, por fim, a prefiguração de Maria se dá de modo expressivo na Arca da Aliança. Aquela Arca que outrora portava as Tábuas da Lei as quais tinham os preceitos da Aliança de Deus com seu povo. Agora, quem porta e traz a salvação é Maria – em seu ventre, está Cristo: a plena revelação de Deus – a nova e eterna aliança.

Para aprofundar um pouco mais na leitura da Palavra de Deus, em seus textos e contextos, e para ajudar a dar passos firmes na compreensão das Sagradas Escrituras, sugiro que você leia estude com bastante atenção o texto: Constituição Dogmática *Dei Verbum* sobre a Revelação Divina do Concílio Vaticano II. Você encontra facilmente esse texto nos compêndios e no site oficial do Vaticano.

Assim sendo, percebemos que Maria é a Mulher do Gênesis ao Apocalipse. Em toda a Bíblia Sagrada – seja de modo direto ou prefigurado – fala-se da ação de Deus por meio dessa mulher. A mesma mulher que aparece no primeiro livro da Bíblia pisando, por meio de sua descendência, na cabeça da serpente (Gn 3,15) é aquela que também está no último livro da Bíblia travando a batalha final, sob a justa proteção de São Miguel Arcanjo, contra o dragão, a antiga serpente, que é chamado Diabo ou Satanás (Ap 12).

Portanto, ao longo deste percurso aprendemos que a Bíblia fala mais sobre Maria do que muitos poderiam imaginar. A Mulher, Mãe de Jesus, sempre fez parte do projeto de salvação e, por isso, Deus a preparou desde todos os tempos. A pessoa de Maria – e o respeito a ela – é vontade de Deus e está devidamente fundamentado na Bíblia Sagrada.

Vivendo a fé: E o Verbo se fez carne no ventre da Virgem Maria

Para viver tudo o que se leu e foi aprendido, sugiro um encontro vivencial, uma experiência de fé que pode se dar com crianças ou adultos.

Embora seja muito importante conhecer as razões da fé, no que se crê e por que se crê, igualmente importante é trazer para a vida.

Como tratamos sobre a figura de Maria na Bíblia, este primeiro encontro deve se concentrar nas leituras bíblicas e na pessoa de Maria no mistério da encarnação: O Verbo Divino se fez carne e habitou no meio de nós (Jo 1,14).

Para este primeiro encontro deve-se preparar:

1. Bíblia – se possível uma para cada participante;
2. As imagens do presépio de Jesus, Maria e José;
3. Se estiver disponível, uma imagem ou figura impressa da Virgem Maria grávida;
4. Pedir aos catequizandos que levem ao encontro alguma foto de suas mães quando ainda estavam grávidas – esperando por elas;
5. Selecionar as músicas:
    a) **História de Maria** (Pe. Zezinho) Disponível em: https://www.youtube.com/watch?v=bi5CSB3jmM0&ab_channel=PadreZezinho%2Cscj
    b) **Cristãos, vinde todos**. Disponível em: https://www.youtube.com/watch?v=_4l5AhXcug0&ab_channel=CoralPalestrina-Topic
6. Desenvolvimento:
    - Prepare as passagens bíblicas que deverão ser lidas: Lc 1,26-38 e Lc 2,1-20.
    - No início deve-se ter ao centro, se possível, uma imagem ou estampa da Virgem Maria grávida. Explicar aos catequizandos o mistério da vida, da geração. Convidá-los para colocar aos pés de Maria suas fotos também no período de gestação. Fazer uso dos símbolos, eles plastificam a imagem e dão sentido às palavras.

- Ler Lc 1,26-28. Conversar sobre o que se leu.

- Após ler as narrativas bíblicas, deve o catequista comentar a história destacando alguns aspectos que forem mais indicados aos catequizandos, revisitando o texto. Ao fazer isso, pode o catequista usando as imagens de Jesus, Maria e José ir montando este pequeno presépio enquanto chama a atenção para cada personagem e sua história. Ler e meditar o trecho de Lc 2,1-20. Ao montar o presépio, apresentar e meditar a música sugerida: *Cristãos, vinde todos* – como já indicado acima.

- Concentrar a reflexão na história de Maria, falar de Nossa Senhora, explicar o lugar dela no projeto de Deus e a graça que ela recebeu de ser a mãe de Jesus. Falar de Maria a partir daquilo que se leu na Bíblia. Convidar os catequizandos a usar a Bíblia, manusear e anotar para leitura posterior estes trechos da Palavra de Deus.

- Terminar meditando e conversando sobre a música: *História de Maria*. Que cada qual tenha um tempo para dizer o que mais lhe chamou atenção. Catequista, oriente para que não fuja do assunto ou que alguém, sozinho, faça uso prolongado da palavra.

- Terminar com uma oração final, conforme o costume.

2

Maria e a Tradição cristã

Precisamos entender que a fé não se baseia em um único argumento e nem mesmo em uma única fonte. Seria muito limitado acreditar que tudo – absolutamente tudo – está contido em um único lugar. Santo Tomás de Aquino sempre orientava seus estudantes a não confiar em nenhum homem de um livro só. O que isso quer dizer? Para aprofundar no conhecimento, na sabedoria e na busca da verdade é preciso diversificar as fontes, os meios e as formas de instrução.

Deus – sendo Deus mesmo, onipotente, onipresente e onisciente – não se limita! Até porque, se houvesse limites para Ele, logo, não seria Deus. Ele tudo fez e faz, e tudo pode. Não é possível querer cercar a ação do Senhor Deus dentro de um espaço, uma única forma e achar que tão somente aquela é absoluta, que tem a última e única palavra válida e que contém totalmente a fonte da verdade e da sabedoria.

Por isso precisamos entender como Deus age e os meios que Ele usa. É necessário recomendar, mais uma vez, a leitura da Constituição Dogmática *Dei Verbum* do Concílio Ecumênico Vaticano II para ajudar a entender melhor e captar essa catequese tão profunda e necessária sobre os meios que Deus usou – e usa – para se dar a conhecer.

Todo o Depósito de Fé está contido em três pilares – três colunas – fundamentais: as Sagradas Escrituras, a Sagrada Tradição e o Sagrado Magistério. Para dizer que algo é de fé católica e que faz parte do bojo da Revelação é necessário que esteja presente nestes três pilares. Se, por acaso, naquele argumento apresentado faltar um deles, há que se duvidar. Pois, um sem os outros deixam manco o argumento. Como um tripé que não se sustenta se falta uma de suas colunas.

A Bíblia é verdadeiramente a palavra de Deus. Não se pode duvidar disso. Mas como o já dito, para entender bem as Escrituras é necessário entrar no texto, no contexto e saber analisar o estilo de escrita, a época, os destinatários, tudo isso para conseguir interpretar bem. E, veja, não é somente a Bíblia que necessita de interpretação. Se você ler uma bula de remédio precisa interpretar, sob o risco de ocorrer uma superdose. Quando faz uma receita nova, precisa interpretar bem os ingredientes, as medidas, o tempo de cada coisa, senão pode não alcançar a aparência e o sabor desejados. Até quando se vai pegar um ônibus é necessário saber interpretar o ponto de partida e de chegada. Enfim, ler não é tão fácil como parece, pois o exercício da leitura e da interpretação é muito mais que ajuntar letras e formar sílabas, palavras e frases. Ler vai muito além de simplesmente decodificar o texto, mas trata-se de conseguir extrair o pensamento, o desejo e a instrução que o autor quer passar.

Naquele tempo bíblico não existia gráfica, computador, impressoras, tinta e papel com abundância. Escrever era algo difícil tanto pela escassez de material quanto pela quantidade de pessoas letradas. Poucos, muito poucos, sabiam ler e escrever. Os conhecimentos eram transmitidos por meio da tradição oral. Um contava para o outro, que depois recontava, que mais à frente contava novamente e, assim, ia formando o imaginário da história do povo.

Com a Bíblia não foi diferente. Basta você perceber que foram muitos anos após os acontecimentos que os livros foram escritos. Até então, tudo era transmitido via oral, pela Tradição.

Os próprios escritores bíblicos reconhecem isso. São João, por duas vezes, dá esta indicação e insiste que nem tudo o que é verdade de fé está na Bíblia Sagrada. Vejamos com muita atenção:

> Jesus fez diante dos discípulos muitos outros sinais, que não estão escritos neste livro. Estes, porém, foram escritos para que creiais que Jesus é o Cristo, o Filho de Deus, e para que, crendo, tenhais a vida em seu nome (Jo 20,30-31).

E não para por aí. Ainda no Evangelho de João, ele insiste que devemos entender que a Revelação de Deus está presente em outros meios e formas e que não seria possível escrever tudo, registrar tudo num único livro. Leiamos:

> Este é o discípulo que dá testemunho dessas coisas e as escreveu, e nós sabemos que seu testemunho é verdadeiro. Ora, Jesus fez ainda muitas outras coisas. Se todas elas fossem escritas uma por uma, creio que nem o mundo inteiro poderia conter os livros a serem escritos (Jo 21,24-25).

Em suas cartas, também São João insiste no que chamamos de Tradição, ou seja, na transmissão da fé como experiência de Deus vivida e narrada:

> O que era desde o princípio, o que ouvimos, o que vimos com nossos olhos, o que contemplamos e nossas mãos apalparam da Palavra da Vida – vida esta que se manifestou, que nós vimos e testemunhamos, vida eterna que a vós anunciamos, que estava junto do Pai e que a nós se manifestou –, isso que vimos e ouvimos, nós vos anunciamos, para que estejais em comunhão conosco. A nossa comunhão é com o Pai e com seu Filho, Jesus Cristo. Nós vos escrevemos estas coisas para que a nossa alegria seja completa. A mensagem que dele ouvimos e vos anunciamos é esta: Deus é luz e nele não há trevas (1Jo 1,1-5).

São Paulo também assim ensina:

> Então, meu filho, fortalece-te na graça de Cristo Jesus. O que ouvistes de mim na presença de numerosas testemunhas, transmite-o a pessoas de confiança, que sejam capazes de ensinar a outros (2Tm 2,1-2).

Também falando aos tessalonicenses São Paulo insistiu:

> Portanto, irmãos, ficai firmes e guardai cuidadosamente as tradições que vos ensinamos, por nossa palavra e por nossas cartas (2Ts 2,16).

É importante perceber que toda Tradição, antes de ser escrita, é narrada, e que nem tudo o que foi transmitido oralmente foi, é ou será escrito. A Bíblia Sagrada foi formada pela Tradição e, do mesmo modo, a Tradição está de modo escrito nos textos Sagrados. Um e outro se complementam, um é devedor do outro, um só existe no texto e no contexto se lido e interpretado à luz do outro. Por isso, trata-se de radicalismo ignorante pensar que tudo – e repito –, absolutamente tudo, deve estar escrito literalmente nas páginas da Bíblia. Deus revelou muito mais coisas, a ação de Jesus foi infinitamente maior, o Espírito Santo agiu e realizou muito mais do que as páginas escritas poderiam conter.

Bíblia Sagrada e Tradição são dois pilares da fé e não podemos ficar somente com um. Um e outro são necessários. Bíblia sem Tradição é fundamentalismo. Tradição, sem a Bíblia, é historicismo.

Mas o que entendemos, então, por Tradição. Como vimos, antes de ser escrita e formar a Bíblia, os ensinamentos, as doutrinas, a Palavra de Deus era transmitida de modo oral. Assim, de geração em geração, a fé foi transmitida e chegou até nós. Por isso, há muitos ensinamentos que não estão escritos literalmente na Bíblia, mas nos chegou por meio da Tradição. Assim caminha a humanidade. Veja em sua família, certamente há alguma história, algum caso de família, que sempre quando se reúnem alguém conta e reconta aquele acontecimento. Assim, embora não esteja escrito em um livro, faz parte da memória, da tradição daquela família. Na história da humanidade encontramos vários exemplos assim.

Desse modo, para entender bem a figura de Maria é necessário ir para além das páginas da Bíblia. Aliás, certamente você ficou surpreso ao perceber que as Sagradas Escrituras falam mais da Mãe de Jesus do que muitos imaginam. De fato, a mariologia está solidamente fundamentada na Bíblia Sagrada. Não há mariologia séria sem ter suas bases nos textos Sagrados. No entanto, como já estamos entendendo, a Bíblia e a Tradição são servidoras entre si. Assim, para falar de Bíblia com seriedade é preciso entender de Tradição e vice-versa. Também, para entender a pessoa de Maria com bons fundamentos é necessário compreender o que diz a Bíblia, mas também o que ensina a Tradição ao longo dos séculos.

Há muito sobre Maria na Tradição. É bem verdade que desde os primeiros tempos há uma mariologia implícita na vida das primeiríssimas comunidades cristãs. No livro dos Atos dos Apóstolos – como anteriormente estudamos – que narra o início da pregação dos Apóstolos e o início da missão da Igreja, ali, o autor faz questão de destacar Maria como presença marcante no início da pregação da Boa-nova e ação evangelizadora da Igreja.

Também se encontram muitos registros de orações e hinos que os próprios Apóstolos e seus primeiros sucessores clamavam a intercessão e intervenção de Maria. São consideráveis os registros na arte, nas pinturas e nos escritos que reconhecem a presença maternal de Maria na caminhada de fé dos primeiros seguidores de Jesus.

Assim, é possível encontrar relatos e observações sobre a figura de Maria desde o início da difusão da fé cristã. Sempre associada ao Mistério de Cristo, Maria é lembrada como a intercessora, a Mãe da Igreja e aquela que por melhor poderia ensinar sobre Jesus.

Num breve exercício de memória e imaginação podemos pensar: após a ressurreição de Jesus e subida ao céu, os Apóstolos iniciam a pregação. Não havia nada escrito, toda a transmissão era oral. Quando diante da pregação e do anúncio da Boa Notícia, aqueles que eram tocados e vivendo uma experiência pessoal com Jesus, certamente buscavam instrução, queriam saber mais, conhecer mais seu Senhor. E – pense bem – ao saber que Maria estava ali, quem não gostaria de ouvi-la? Quem não gostaria de saber toda a história, tudo o que aconteceu, tudo o que houve? Quem não quereria ouvir da própria boca daquela que estava desde o princípio e sabia de detalhes que a nenhum, absolutamente nenhum, outro discípulo ou apóstolo foi revelado? Enfim, quem melhor poderia falar sobre Jesus senão Maria. Quem melhor conhece na intimidade e pode falar sobre um filho senão a mãe.

2.1 Maria é necessária para a fé?

Depois de longo discurso para entender bem a Tradição – a conservação e transmissão do conteúdo da fé – esta memória coletiva da experiência de Deus que é contada e vivida de geração em geração, fica o questionamento: Se Jesus Cristo é o único Senhor e Salvador, qual a necessidade da figura de Maria para a fé?

Ora, em primeiro lugar, há que se ressaltar que existe um único Deus: uno e trino, que no mistério da Santíssima Trindade: Pai, Filho e Espírito Santo, realiza seu plano de salvação e liberta o homem de seus pecados. Um único Deus em Três Pessoas distintas, cada qual com o que lhe é próprio na História Soteriológica.

Assim, sabemos que Maria não é deusa e nem mais do que Deus. Ela é criatura humana, feita, tecida pelas mãos do Criador. No entanto, mesmo sendo pessoa humana, Maria encontrou graça diante de Deus (Lc 1,30). Tendo o Pai o seu projeto de salvação pela encarnação de seu Filho, quis Ele remir a humanidade por dentro. É claro, Deus poderia usar muitos e tantos outros meios de salvação, mas quis, digamos assim, se colocar no lugar do homem. Deus se fez homem para remir o homem por dentro. Ao assumir a natureza humana, Cristo se torna em tudo igual aos homens, menos no pecado. E, para se fazer homem quis Deus que vivesse todo o processo encarnando-se, assim, no seio de Maria.

Maria foi preparada por Deus desde todos os séculos. Basta lembrar em Gn 3,15 – o protoevangelho – que desde o pecado de Adão e Eva, o Senhor Deus, querendo reconciliar o homem consigo, anuncia o mistério da salvação. Para que o Salvador viesse ao mundo era necessário uma pessoa que fosse digna de recebê-lo em seu ventre.

Deus quis contar com Maria. E conforme já bem analisamos os textos bíblicos, ela não foi obrigada, forçada a aderir a este projeto. Mas, o Senhor enviou o seu anjo para lhe convidar e chamar à participação neste mistério de fé. Basta relembrar a passagem de Lc 1. O anjo narra a Maria tudo o que haveria de acontecer e espera dela uma resposta que, prontamente, pelos lábios da bela Senhora bradou aos céus: Eis aqui a serva do Senhor, faça em mim segundo a vossa palavra (Lc 1,38).

A necessidade de Maria ao mistério da salvação e, consequentemente à fé, está na obra que Deus fez. Deus quis Maria. Ele mesmo a desejou. Sendo Ele Eterno e Todo-poderoso, poderia ter escolhido mil formas de remir a humanidade, poderia ter feito o seu Filho simplesmente aparecer, descer do céu, vindo como rei, manifestado sua glória, poderia ter feito tudo sozinho e de uma vez. Não há limites para Deus! Mas, quis Ele contar com a humanidade, por isso ao longo dos séculos usou dos profetas para falar ao povo. Aos poucos foi formando seu povo eleito e no tempo e na história foi se revelando. Se você ler com bastante atenção a Bíblia desde o Gênesis até o Apocalipse verá que sempre na ação de Deus, Ele quis contar com a participação humana. Veja os patriarcas: Abraão, Isaac, Jacó. Depois os grandes profetas: Moisés, Isaías. Os reis: como Davi. Perceba que Deus age por meio de seus escolhidos e vai, paulatinamente, preparando o seu povo para o ápice de sua Revelação.

Pois, quando chegou a plenitude dos tempos (Gl 4,4-5) Deus mesmo veio ao encontro dos homens por meio de seu Filho. E frisa São Paulo: Ele veio nascido de uma mulher. Conforme já bem entendemos quando estudamos nas Sagradas Escrituras, Deus preparou seu povo e, no ápice dos tempos, Ele conta com Maria para efetivar seu projeto de redenção.

Se o próprio Deus quis contar com Maria na realização de seu projeto, não seremos nós, os homens, quem a iremos negar. Deus quis tornar Maria necessária ao seu projeto. Ele a separou dentre todas as mulheres e a chamou de bendita. Era necessário que alguém fosse escolhida, preparada, preservada a fim de trazer em seu seio o Verbo de Deus. E esse alguém é Maria.

A ação realizada pelo Senhor Deus em Maria a elevou de simples criatura a modelo de todo o povo remido. Em seu cântico de louvor, o Espírito Santo anuncia pela boca da Menina de Nazaré os louvores que receberia pelo seu "sim" ao projeto de salvação: Todas as gerações, de agora em diante, me chamarão bem-aventurada (Lc 1,48). Essa profecia anuncia que por sua obediência e disposição ela seria para sempre lembrada como aquela que amou e serviu plenamente ao seu Senhor.

Note que Maria não se faz necessária. Não é ela quem tenta "roubar a cena" ou chamar atenção para si ou quer "aparecer" mais que o próprio Jesus. Nada disso, ela sabe o seu lugar, tem consciência de seu papel, e cumpre bem sua missão. Maria faz a passagem ao discipulado e a fé ao seu Filho. Assim como vimos nos Evangelhos: ela que primeiro disse: faça-se em mim (Lc 1,38) e, depois, na autorrevelação de Jesus em Caná, ela muda de lugar e diz: façam tudo o que Ele vos disser (Jo 2,5). Assim – perceba a sutileza da narrativa –, sabendo bem quem é sua mãe e o papel importante que ela exerce na História da Salvação, também Jesus se entrega aos seus cuidados e lhe é obediente. São Lucas mostra bem isso:

> Jesus desceu, então, com seus pais para Nazaré e era-lhes submisso. Sua mãe guardava todos esses acontecimentos em seu coração. E Jesus ia crescendo em sabedoria, idade e graça diante de Deus e dos homens (Lc 2,51-53).

"E lhes era submisso" – Jesus respeitava sua mãe e a José. Mesmo sendo Deus, Ele se coloca em atitude de obediência para com aquela que recebera a missão de cuidar do Menino-Deus. E, mesmo adulto, Jesus continua fiel a sua mãe. Voltemos, mais uma vez, a Caná. Maria já estava no lugar da festa. Chegam Jesus e seus discípulos. O vinho vem a faltar. Maria, atenta às necessidades, pede a seu Filho: Eles não têm mais vinho. Jesus, sabendo do que ela falava – não se tratava só de vinho –, responde: Mulher, mas ainda não chegou minha hora. Mas, entendendo Jesus que Maria intercedia pelo povo de Deus e que era necessário adiantar aquela hora –, Jesus foi obediente a sua mãe –, atendeu ao pedido que ela fez. E Maria, como intercessora, faz este movimento de fé: ela vê a necessidade de seu povo, vai até Jesus e explica a situação, pede, intercede pelas pessoas que precisavam e, por fim, indica o que fazer: façam tudo o que Ele vos disser (Jo 2,5). Ela, em nenhum momento toma para si o protagonismo total, embora seja coprotagonista. Ela toma a iniciativa, mas deixa o sinal – milagre – para Jesus, que é Deus.

Assim, é possível perceber que a Tradição e as Sagradas Escrituras desde o início da era cristã guardaram Maria em lugar especial; e assim foi, por vontade do próprio Deus. Bendita és tu entre as mulheres (Lc 1,42), disse Isabel inspirada pelo Espírito Santo.

Portanto, a resposta é: sim! Maria é necessária à fé e ao conhecimento de Jesus Cristo. Ela foi escolhida por Deus para ser coprotagonista do

Mistério da Salvação. Seu lugar teológico não é somente devocional, mas ela é a *Mulher* da nova criação.

2.2 Os fundamentos da reverência a Maria

Os chamados Padres da Igreja – muito próximo dos Apóstolos, talvez duas ou três gerações, foram influentes teólogos, professores e mestres cristãos, dedicaram-se à oração, ao estudo e à elaboração dos conceitos da fé – também são chamados de Padres Apostólicos. Lembremos alguns importantes: Ambrósio de Milão, Jerônimo, Agostinho de Hipona, Gregório Magno, Basílio de Cesareia, Atanásio, Gregório de Nazianzo, João Crisóstomo, Clemente de Roma, dentre tantos outros. Estes homens lançaram bases à fé cristã e muito trabalharam em sua elaboração. Aquilo que pela Tradição oral os Apóstolos anunciavam, pelos Padres da Igreja tomou força e forma, ganhando elaboração sistemática e apresentando as razões da fé.

Dar as razões da fé! Justamente aqui está um elemento catequético importante. Afinal, só crê bem quem conhece aquilo em que acredita. Os Padres da Igreja tornaram a fé em Jesus Cristo intelectiva e bem elaboraram os fundamentos do crer frente a razão. O testemunho, a fé e os estudos desses homens desde aquele tempo até hoje são faróis a indicar a busca pela verdade. Três eram as características latentes nos Padres Apostólicos: ortodoxia na fé, santidade de vida e reconhecimento dos cristãos. De certo modo, os Padres Apostólicos lançaram as bases do que até hoje cremos e professamos.

Por assim dizer, é claro, também eles fizeram estudos mariais, se dedicaram à mariologia – ainda que sem usar este nome técnico –, buscaram entender a participação e o lugar de Maria no Mistério da Salvação. Estão preservados para o nosso tempo – facilmente encontramos em livrarias e bibliotecas – exemplares dos escritos, das catequeses, homilias e até poemas que os Padres da Igreja fizeram sobre a Mãe de Jesus.

Maria esteve sempre junto a Jesus. Quando Ele subiu para o céu, ela permaneceu junto ao grupo dos Apóstolos – a Igreja nascente – até que chegasse a vez dela de ir ao encontro de seu Filho no paraíso. Jesus entrega

Maria para ser Mãe da Igreja, modelo de discípula e mestra da fé. Sendo assim, desde os primórdios da fé cristã, nos primeiros momentos da Igreja, já havia grande apreço pela presença dela e atenção aos seus conselhos, suas narrativas e sua direção.

Segundo a tradição e alguns historiadores, o primeiro ícone – pintura da Virgem Maria – que se tem notícias foi feito por São Lucas com as próprias mãos. É a chamada, em grego, *Hodegétria* = Aquela que mostra o caminho. E, quem é o caminho? Jesus. Basta lembrar: Eu sou o caminho, a verdade e a vida (Jo 14,6). Conforme ensinam os estudiosos, São Lucas pintou um quadro com a Virgem Maria segurando em seus braços o Menino Jesus, quadro este que teria sido pintado em torno do ano 85-90 da era cristã. Esta pintura serviu de objeto de veneração por muitas comunidades nascentes. Os primeiros cristãos gostavam de rezar diante dele, faziam pedidos a Maria olhando para ele e assim, aos poucos, foi-se estabelecendo a devoção por meio dos quadros, imagens e pinturas de Maria, mãe de Deus. Note que São Lucas teve papel fundamental na iconografia mariana.

Sabemos que as palavras ditas pelo Anjo Gabriel no momento da anunciação e as proferidas por Isabel quando da visita de Maria se tornaram oração na fé do povo cristão. Qual seja, a oração da Ave-Maria. No entanto, devemos lembrar que existe uma oração do primeiro século que expressa devoção e pedido de socorro à Mãe de Jesus.

Foi por volta do ano de 1927 quando arqueólogos encontraram na região do Egito papiros muito antigos com inscrições cristãs. Segundo as análises laboratoriais e os estudos de datação, pertenciam aqueles fragmentos de texto aos séculos II e/ou III da era cristã. Em um destes fragmentos, leu-se a seguinte oração:

> *A vossa proteção recorremos Santa Mãe de Deus. Não desprezeis as nossas súplicas em nossas necessidades, mas livrai-nos de todos os perigos, ó Virgem gloriosa e bendita.*

Esta oração, mais comumente rezada em latim – e chamada: *Sub tuum praesidium* –, recebe a seguinte forma:

> *Sub tuum praesidium confugimus, sancta Dei Genetrix; nostras deprecationes ne despicias in necessitatibus nostris, sed a periculis cunctis libera nos semper, Virgo gloriosa et benedicta.*

Esta é a oração mais antiga a Maria que se conhece. E perceba o que nela se pede: proteção, intercessão nas necessidades e o livramento de todo mal. No início da pregação dos Apóstolos e nos primeiros séculos da difusão do cristianismo grandes e incontáveis foram as perseguições e penas que sofriam os seguidores de Jesus. Não por acaso muitos e tantos foram martirizados, derramaram seu sangue por amor a Cristo e a sua Igreja. Por isso, segundo narram alguns estudiosos, nos momentos de grande dor e luta dos primeiros cristãos, especialmente na hora da morte pelo martírio, eles cantavam e rezavam essa prece clamando a intercessão da Mãe de Deus. Há notícias de que em Roma, no Coliseu e em outros modos de jogos com os cristãos ou de martírio, no momento da morte, eles rezavam em alta voz esta oração.

Assim, é fácil notar que a devoção a Maria e o clamor por sua intercessão não é algo novo, "inventado" agora por um grupo de católicos, mas trata-se da mais pura fé cristã, das origens, dos seguidores de Cristo que pediam à Mãe dele que os guiasse pelas estradas da vida livrando-os do mal, socorrendo nas necessidades e guardando-os sob a proteção dela.

Note que a devoção a Maria surge com a própria Igreja e o grupo dos primeiros cristãos. Eles desde o primeiro momento a reconhecem como coprotagonista da salvação e a clamam pedindo socorro, pois sabem que ela é intercessora desde Caná até o fim dos tempos.

Vejamos algumas peculiares frases dos Padres da Igreja sobre Maria, a Mãe de Jesus: em uma carta aos efésios, Santo Inácio, que era o bispo de Antioquia, ensinou sobre três mistérios clamorosos: a virgindade de Maria, seu parto milagroso e sua presença na hora da morte de Jesus. Assim dizia ele: *estes são mistérios que devem ser bradados em alto som.*

Tertuliano, pesquisador e escritor, buscando os fundamentos da fé e a participação de Maria neste mistério, escreveu: *Assim como não nascendo da Virgem, pode sem mãe ter a Deus por Pai, do mesmo modo, nascendo da Virgem, pode ter a uma mulher por mãe, sem homem pai.*

Irineu de Lyon, bispo considerado o mais importante entre os escritores cristãos do século II, lutando contra as heresias, afirmava:

> por meio do anjo, foi anunciado convenientemente à Virgem Maria, já submetida ao poder de um varão, que o Senhor viria à sua herdade e que sua criação, que é sustentada por Ele, a levaria a Ele mesmo; que, pela obediência na árvore, recapitularia a desobediência havida na árvore; e que desfaria a sedução pela qual foi malignamente seduzida aquela virgem Eva, que estava já destinada a um varão (*Contra as heresias*, p. 7).

Irineu, em seus estudos, foi o primeiro a colocar Maria em relação direta com Eva, se Jesus é o modelo do novo homem, Maria é a figura da nova mulher. E disse mais:

> Pois, como esta foi seduzida pela palavra de um anjo, para afastar-se de Deus, desobedecendo à sua palavra, assim Aquela foi instruída pela palavra do anjo, para portar Deus, obedecendo à sua palavra. E se Eva havia desobedecido a Deus, Maria se inclinou para obedecer-lhe, e assim a Virgem Maria tornou-se a advogada da primeira virgem, Eva. E assim como o gênero humano foi levado à morte por uma virgem, foi libertado por uma Virgem e se manteve o equilíbrio: a desobediência de uma virgem, pela obediência de uma Virgem. Além disso, reparou-se o pecado do primeiro homem pela correspondência do Primogênito, e a prudência da serpente foi vencida pela simplicidade da pomba, desatando os laços pelos quais estávamos presos à morte (*Contra os hereges*, p. 12).

Efrém foi diácono que viveu no século IV, declarado doutor da Igreja em 1920 pelo Papa Bento XV. Ele foi um grande devoto que buscou estudar com profundidade a pessoa de Maria. Grande poeta, foi chamado de "A Lira de Maria", pois compôs muitos poemas falando sobre os feitos e as virtudes de Maria. Em um de seus escritos, *Hino sobre Maria*, assim falou:

> Semelhante a teu Pai, semelhante a tua Mãe, a quem és tu semelhante? Deus não tem forma nem cor; és semelhante a teu Pai em força, essência, em natureza, em poder; mas és também semelhante a tua Mãe, que te gerou, e de quem tomaste a forma humana; semelhante a teu Pai, semelhante a tua Mãe, és semelhante a ti próprio, ó tu, que tomaste a forma de escravo (*Hino sobre Maria*, apud Gambero).

Santo Ambrósio comentando o Evangelho de Lucas, quando dos relatos da anunciação, assim escreveu:

> Que coisa mais esplêndida que aquela a quem escolheu o mesmo esplendor divino? Que coisa mais nobre que a Mãe de Deus? (*Comentário ao Evangelho de Lucas*).

Cirilo de Alexandria, grande teólogo que combateu fortemente as heresias dos primeiros tempos, ao defender a maternidade divina de Maria, no final do Concílio de Éfeso, no ano de 431, assim declamou:

> Nós vos saudamos, ó Maria, que trouxestes no vosso seio virginal Aquele que é imenso e infinito; por vós, a Santa Trindade é glorificada e adorada; por vós, a cruz preciosa é adorada no mundo inteiro; por vós, o céu exulta; por vós alegram-se os anjos e os arcanjos; por vós, são postos em fuga os demônios; por vós, o diabo tentador foi precipitado do céu; por vós, a criatura decaída é elevada ao céu; por vós, todo gênero humano, sujeito à insensatez da idolatria, chega ao conhecimento da verdade; por vós, o santo batismo purifica os crentes; por vós, vem-nos o óleo da alegria; por vós, são fundadas as Igrejas em toda a terra; por vós, os povos são conduzidos à penitência (*A maternidade Divina de Maria*, apud Gambero).

E, por fim, o grande Santo Agostinho (354-430), bispo de Hipona:

> Porventura não fez a vontade do Pai a Virgem Maria, a qual acreditou em virtude da fé, concebeu em virtude da fé, foi escolhida como aquela da qual devia nascer a salvação entre os homens, foi criada por Cristo, antes que Cristo fosse nela criado? Fez sim certamente a vontade do Pai, Maria Santíssima. Por isso conta mais para Maria ter sido discípula de Cristo que ser Mãe de Cristo (*Comentários a São João I*).

Por meio deste caminhar histórico junto aos Padres Apostólicos percebemos que o fundamento da devoção mariana está nas bases da própria Igreja. Desde que Cristo fundou sua Igreja – una, santa, católica e apostólica – os seus membros dedicaram amor, atenção e veneração a Maria.

Não é difícil perceber quanto os Apóstolos e os seus legítimos sucessores em um tempo tão breve iniciaram e introduziram nas comunidades cristãs nascentes formas de expressar a devoção a Maria de um jeito tão sublime e filial. Os outros autores bíblicos tanto nos Evangelhos quanto nas cartas muito bem posicionam Maria no mistério de seu Filho. Veja que quem introduziu a devoção a Maria foram os próprios Apóstolos e seus sucessores mais próximos, pois entenderam que assim quis e ensinou o Senhor Jesus.

A necessidade de Maria para a fé legítima está em se colocar no mesmo caminho trilhado desde as origens da fé. Voltar às origens, retomar às tradições, é, sem sombra de dúvida, colocar Maria no lugar de destaque que ela recebeu da parte de Deus. Não se trata, como se vê nos escritos dos Padres da Igreja, de diminuir o Cristo por causa de sua Mãe, até mesmo porque isso seria impossível, mas, sim, de a colocar em seu lugar: Mãe de Deus, Mãe da Igreja, seguidora de seu Filho e modelo perfeito de todo discípulo do Senhor.

Muitos dos títulos e referências que dedicamos ainda hoje a Maria nasceram nos primeiros séculos da fé. A consciência da salvação conquistada por Cristo foi amadurecida com a presença maternal de Maria. Falar de Maria era falar de Cristo e falar de Cristo sempre significou falar de Maria, sua mãe.

Desse modo, entendemos que as dimensões "vida", "Bíblia" e "Tradição" correm confluentes e não paralelas, pois o Espírito Santo funde as realidades vivas da experiência de Deus. A reflexão sobre a pessoa de Maria tem seus fundamentos bíblicos, mas não só. Encontra raízes na memória coletiva da Tradição e nas devoções iniciais, mas não para por aí. Desemboca na vida da fé, na liturgia, nas orações, na fé popular e, especialmente, na meditação e guarda do Magistério da Igreja.

O estudo sério sobre Maria mantém sempre a centralidade no Cristo, sabe entender os sinais, concilia visões diferentes de argumentos difusos, tem consciência da perspectiva adotada em cada período da história e sabe que Maria esteve e está sempre a serviço dos mistérios de Deus.

Portanto, os fundamentos da reverência e devoção a Maria estão presentes desde os primeiríssimos tempos da era cristã. Desde o tempo dos Apóstolos, passando pelos Santos Padres da Igreja – a patrística – e a escolástica, em todo tempo e lugar, até chegar em nossos dias a pessoa de Maria sempre recebeu destaque na vivência da fé das comunidades cristãs.

2.3 O devido culto a Maria: diferença entre adoração, honra e veneração

O respeito a Maria, Mãe de Jesus – conforme dizem os evangelistas –, não é algo recente, mas vimos que ainda na Era Apostólica, quando os Apóstolos começaram a pregar o Evangelho e anunciar a Boa-Nova da salvação, junto a eles estava Maria. E não estava somente como uma companhia, mas como uma conselheira, uma mãe, alguém que podia esclarecer fatos, contar coisas, ensinar, lembrar fatos etc. Não podemos jamais esquecer que ninguém – faço questão de frisar –, absolutamente ninguém, teve mais intimidade com Jesus e conviveu com ele por mais tempo do que Maria. E, dentre outros motivos, não há ninguém melhor para falar sobre Jesus, ensinar sobre Ele, contar as histórias e os fatos, senão Maria.

A veneração como sinal de respeito a Maria surge entre os próprios Apóstolos. E a figura dela era tão importante que em todos os Evangelhos muito se falou dela, como já bem estudamos. Também nas cartas e outros livros do Novo Testamento e, em prefiguração, no Antigo Testamento. Assim, percebemos que não é de agora, não é novidade ou invenção recente o amor, a devoção e o respeito para com a Mãe de Jesus.

Lembremos de São Lucas. Tal era a devoção que tinha pela pessoa de Maria como intercessora – alguém que tinha mais intimidade com Jesus –, que ele pintou o primeiro quadro – retrato – de Maria.

Ainda, busquemos na memória, a oração mais antiga dedicada a Maria. Encontrada num papiro e já no primeiro século da Era Cristã se rezava e pedia a intercessão e a proteção da "Santa Mãe de Deus". Não pode passar despercebido este fato que os cristãos confiavam tanto na intervenção de Maria que clamavam por ela como mãe e pediam socorro em todas as necessidades.

Maria nunca quis ocupar o lugar de seu Filho e nunca ocupou, até porque ela sempre teve o seu próprio lugar na História da Salvação. Mas, infelizmente, por causa de uma catequese falha e pouco esclarecida, alguns se deixaram levar pelo exagero, pelo erro, e, até mesmo, por doutrinas enganosas. Uma pena!

Para nos ajudar a entender bem o significado da devoção a Maria pelos primeiros cristãos é preciso voltar em alguns conceitos gregos que irão nos direcionar e fundamentar bem o que devemos a Deus, a Maria e aos santos e anjos.

Há três tipos de culto que se distinguem: Latria, Dulia e Hiperdulia.

1º) **Latria**: a palavra tem origem na língua grega (*latreuo*), que significa **adorar**. Este culto de latria, portanto de adoração, é devido tão somente a Deus e a mais ninguém. A Santíssima Trindade: Pai, Filho e Espírito Santo – um único Deus em Três Pessoas distintas, somente a Trindade – Deus mesmo – é digna de toda honra, toda glória e toda adoração. Assim, o culto de Latria/adoração é devido somente a Deus.

2º) **Dulia**: a palavra também tem origem no grego (*douleuo*) e significa honra/honraria. Este é o tipo de culto que devemos aos santos. Quem são os santos? Aqueles homens e mulheres, jovens e crianças que seguiram Jesus e viveram de modo tão verdadeiro e prático o Evangelho que a Igreja nos convida a imitar suas virtudes, e os coloca como um exemplo, como uma mãe a dizer: Veja, se eles conseguiram, você também consegue. Se eles deram conta, saiba você que é possível. Santos não são super-heróis, mas pessoas de carne e osso que levaram a sério a proposta de seguir Jesus, que mudaram de vida verdadeiramente e que fizeram a opção fundamental por Deus. Assim como as crianças têm seus modelos, seus exemplos, aqueles em quem se inspiram, os santos são estes que devem nos inspirar a seguir Jesus. O culto de *dulia* – reservado aos santos – é uma honraria. Veja que neste mundo existem tantas e inúmeras medalhas, placas e honrarias. Alguém recebe a chave da cidade, uma placa em honra ao mérito, uma medalha de boa conduta, enfim. Os santos recebem de nossa parte essa homenagem por terem conseguido seguir a Cristo tão de perto, se assemelhando tanto a Ele e mostrando-nos que é possível segui-lo. A veneração aos santos nasce junto com a Igreja, desde a Era Apostólica, quando se rezava nas catacumbas, ou seja, nos cemitérios sob os túmulos dos mártires.

3º) **Hiperdulia**: também esta palavra vem do grego (*hyper* = acima de; *douleuo* = honra), trata-se de uma forma de culto intermediária: não é latria, pois não é adoração – esta é somente para Deus – e não é dulia, pois está acima de honraria, mas uma verdadeira veneração, dedicação. Ao longo dos séculos este foi o culto reservado a Maria, a hiperdulia, pois não se trata de adoração, mas também não é uma simples honraria. Assim, entendemos que Maria não é deusa e não está acima de Deus. Mas, também, não é uma mulher qualquer, e por suas virtudes e méritos, é posta como exemplo máximo de todo gênero humano. Entre Deus e os homens está Maria, pois embora Cristo seja verdadeiramente Homem, é também verdadeiramente Deus. Maria, sendo totalmente humana, correspondeu inteiramente e fielmente ao projeto do Senhor Deus. Por isso, ela é o exemplo maior de que é possível seguir a Deus. É possível perseguir os caminhos da santidade. É possível ser cristão!

O Concílio Ecumênico Vaticano II, na Constituição Dogmática *Lumen Gentium* 53, assim afirma:

> A Virgem Maria, que na Anunciação do anjo recebeu o Verbo de Deus no coração e no corpo e ao mundo a Vida, é re-

conhecida e honrada como verdadeira Mãe de Deus e do Redentor (LG 53).

E mais:

> Unida a Cristo por um vínculo estreito e indissolúvel, é dotada da missão sublime e da dignidade de ser Mãe do Filho de Deus, e, por isso, filha predileta do Pai e sacrário do Espírito Santo. Por este dom de graça exímia supera de muito todas as outras criaturas, celestes e terrestres (LG 53).

Mais que *dulia* = honraria, a Maria se deve a *hyperdulia* = veneração, pois ela mereceu mais de Deus. Enquanto os Apóstolos viveram certo tempo com Jesus e ouviram dele muitas coisas, Maria o recebeu em seu ventre, o gerou para a carne, trouxe a este mundo o Autor da própria vida. Ela conviveu com Ele todo o tempo, por anos a fio, aprendeu de Cristo muitas coisas e também o ensinou diversas lições.

Deixando à parte todos os exageros infundados e a catequese errônea que vez ou outra encontramos por aí, não é demais – e nunca será – amar Maria como mãe e devotá-la toda veneração, pois assim quis o próprio Deus ao falar com ela pela boca do Anjo Gabriel: Ave, cheia de graça. Não temas, Maria, pois encontraste graça diante de Deus (Lc 1,28-33).

Também pela boca de Isabel, quando esta ficou cheia do Espírito Santo ao ouvir a saudação de Maria, ouviu-se a louvação de Deus à Mãe de seu Filho: Bendita és tu entre todas as mulheres, e bendito é o fruto do teu ventre (Lc 1,42-44).

E, por fim, quando do seu canto de louvor e adoração a Deus, Maria, cheia do Espírito Santo, gerando em seu ventre o Filho de Deus, exclama e profetiza: Desde agora, todas as gerações me chamarão bem-aventurada (Lc 1,48).

Passando pelas Sagradas Escrituras, visitando os Padres da Igreja e a Sagrada Tradição, percebemos que desde o início, do primeiro século, louvavam a Maria, pois entenderam que o próprio Deus foi quem a louvou por primeiro. Se Deus honrou, amou e louvou Maria, quanto mais nós, que dele recebemos salvação, devemos imitar o exemplo de também honrar e venerar a Mãe do Salvador.

Desse modo, não podemos mais confundir adoração, honraria (devoção) e veneração. Guarde bem! São três conceitos diferentes, três formas de culto totalmente diversas e que encontram bases desde a mais remota Tradição. A Deus nós adoramos, a Maria, veneramos, e aos santos, nós honramos. Não é difícil de entender. E a partir de uma catequese esclarecedora e bem fundamentada é possível lançar boas bases à fé, solidificando bem cada conceito a fim de não permitir que dúvidas infundadas roubem a Doutrina da Fé e os fundamentos da Tradição.

Não tenha medo de venerar Maria! Nunca pense que amando Maria estaria deixando de lado Jesus. Não há como, pois você aprendeu que se trata de cultos diferentes para cada um e para cada qual e não se misturam. Cada qual em seu devido lugar, recebendo o que lhe é próprio. E saiba você que todas as tradições religiosas sérias guardam o que receberam da Tradição Apostólica e também veneram a Mãe de Deus.

Saber que há substancial diferença entre adorar, honrar e venerar nos ajuda a entender o lugar e o papel real de Maria na fé, na Tradição e na História da Salvação, bem como o culto que já os primeiros cristãos a ela prestavam.

Vivendo a fé: Maria do meu caminho

Hora de fazer uma pequena parada nos estudos e na leitura para rezar. Afinal, o conhecimento intelectual das coisas da fé não pode nunca estar separado da vida e da oração. Estudar a fé só faz sentido para crescer na intimidade com Deus. É tempo de rezar o que se aprendeu.

Aprendemos sobre a pessoa de Maria na Tradição; este segundo encontro deve se concentrar em algumas perícopes da Bíblia e nos ensinamentos dos Padres da Igreja: Portanto, irmãos, ficai firmes e guardai cuidadosamente as tradições que vos ensinamos, por nossa palavra e por nossas cartas (2Ts 2,16).

Para o momento deve-se preparar:

1. Bíblia – para cada participante;
2. O quadro, uma foto ou mesmo a impressão do ícone que São Lucas pintou da Virgem Maria – é facilmente encontrado na internet;
3. Preparar tarjas de papel com pequenos textos ou frases dos ensinamentos dos Padres Apostólicos sobre Maria – que você encontra neste capítulo do livro, em outros livros e também na internet;
4. Fazer cópias para os participantes da mais antiga oração mariana: À vossa proteção recorremos... – você encontra a oração neste capítulo ou em outros livros de oração;
5. Selecionar as músicas:
    a) Só a Deus Adoramos (Pe. Zezinho). Disponível em: https://www.youtube.com/watch?v=fnl7TaAp4rk&ab_channel=PadreZezinho%2Cscj
    b) Primeira Cristã (Pe. Zezinho). Disponível em: https://www.youtube.com/watch?v=WBpObzzzgwQ&ab_channel=Paulinas-COMEP
6. Desenvolvimento
    • Prepare as passagens bíblicas que deverão ser lidas: Jo 20,30-31; Jo 21,24-25; 2Ts 2,16.

- No início deve-se ter ao centro, se possível, a pintura ou estampa da Virgem Maria pintada por São Lucas. Explicar aos catequizandos o que é Tradição. O objetivo central do encontro é viver a mistagogia daquilo que foi transmitido ao longo de séculos e que mesmo não escrito faz parte das verdades da fé. Ler as passagens bíblicas e conversar sobre elas.

- Deve o catequista ouvir atentamente o que cada um diz. Busque esclarecer as dúvidas e explicar como os conceitos da fé foram sendo formados ao longo dos séculos. Cuidado para que alguém não seja "o dono da palavra", mas que todos que desejarem falem e sejam ouvidos.

- Gastar alguns minutos para explicar e reforçar as formas de culto: Latria, Dulia e Hiperdulia. Ouvir e meditar a música: *Só a Deus adoramos*.

- Falar sobre os Padres da Igreja. Pode-se colocar os trechos sobre os ensinamentos deles em um pequeno recipiente para que cada um tire o seu e leia. A cada leitura o catequista pode fazer memória do tempo e como eles foram entendendo a figura de Maria em cada período. Meditar e rezar com a música *Primeira cristã*.

- Fazer memória da vida e lembrar como Maria começou a fazer parte da história de cada um.

- Terminar com uma oração final, conforme o costume.

3

O que é dogma e quais são os dogmas marianos

A palavra *dogma* significa um ponto fundamental da doutrina da fé, algo revelado, firmado e constituído. Nos primeiros anos do cristianismo havia muitas dúvidas sobre questões de fé. Homens piedosos e estudiosos se debruçavam na busca pela verdade – lembre-se dos Padres da Igreja –, sempre sob o auxílio e condução do Espírito Santo. Muitas heresias foram surgindo, interpretações ruins, conhecimentos avulsos, testemunhos que não condiziam com o que havia sido ensinado pelos Apóstolos. Por meio de muita oração, estudos, reuniões – chamados Concílios – e discussões algumas verdades foram, aos poucos, sendo firmadas.

Na história da Igreja há vários Concílios que terminaram na proclamação de dogmas. Lembremos dos Concílios de Niceia, Éfeso, Constantinopla e Calcedônia. No tempo mais recente temos o Concílio Vaticano II que ainda está presente na memória viva de muitos que o viram acontecer ou o receberam em primeira mão. Embora não definindo dogma de fé, o Vaticano II teve grande importância na relação mundo e Igreja e reafirmou os princípios fundamentais da fé em sintonia com a Sagrada Tradição.

Nos primeiros cinco séculos do cristianismo que os principais dogmas da fé foram formulados. Cada dogma vinha em resposta a uma dúvida de fé, um problema de interpretação, um aspecto difícil que foi levantado. Entenda, dogma é uma resolução conceitual para uma questão de fé.

Perceba que os dogmas – como resolução de dúvidas sobre a fé – foram surgindo conforme a necessidade, ou seja, quando surgia alguma teoria ou ensinamento que parecia estranho ao conteúdo da fé recebida dos Apóstolos, a Igreja, como mãe que é, reunia o Papa com os bispos – o Sagrado Magistério – e teólogos e se punha a estudar, meditar e rezar a fim de buscar e definir a verdade livrando os seguidores de Jesus de incorrerem em erro sobre as verdades mais básicas da fé, da moral e ética cristãs e dos bons costumes. O Depósito da Fé, as verdades reveladas, sempre foram e continuarão sendo o maior tesouro da Igreja.

Após a proclamação de um dogma, aquela temática se torna questão resolvida. Por isso, os dogmas centrais da fé cristã são tomados como infalíveis e irrevogáveis. É claro, dada a mudança dos tempos e as épocas, os teólogos continuam estudando e o Espírito Santo continua soprando e conduzindo a Igreja. Desse modo, frente a heresias ou separações pode a Igreja entender necessário a proclamação de outros dogmas, bem como trazer novidades interpretativas aos já existentes.

Enfim, dogma não é algo ruim como faz parecer na boca de alguns pouco esclarecidos ou mal-intencionados. Dogma não é uma doutrina rígida que escraviza e limita a compreensão e a vivência da fé. Mas, pelo contrário, ele resolve os problemas de dúvidas e confusão na fé e aponta o caminho seguro e firme para aqueles que querem trilhá-lo como verdadeiros discípulos e missionários de Jesus Cristo em comunhão plena com seu corpo místico que é a Igreja.

Há dogmas que esclarecem vários aspectos da fé: cristologia, eclesiologia, sacramentologia e, claro, mariologia. Existem quatro dogmas que se referem especificamente à pessoa de Maria – são chamados de dogmas marianos – e trata-se, como já vimos em nosso estudo, de resoluções e afirmações frente a problemas e dúvidas que surgiram ao longo do tempo.

Os dogmas marianos são: a maternidade divina de Maria, a virgindade perpétua, a Imaculada Conceição e assunção ao céu. Com calma e com muita atenção vamos meditar, rezar e estudar cada um destes dogmas sobre Maria.

3.1 A maternidade divina de Maria – Maria, Mãe de Deus – *Theotókos*

Maria é coprotagonista do mistério da salvação. Mas não podemos esquecer nem sequer por um minuto: tudo o que se refere a Maria está direta e intimamente ligado a Cristo. Não se pode – e nem deve – pensar Maria sem Jesus, e vice-versa.

Assim, devemos ressaltar que os dogmas marianos falam, especialmente, da ação de Deus em Maria e levam ao centro da fé, que é Jesus. Assim como Maria está sempre para Jesus, também os dogmas marianos estão em virtude de Cristo e não, propriamente, de Maria. Se tudo na pessoa de Maria aponta para Jesus, com os dogmas não seria diferente.

Este primeiro dogma mariano que estamos estudando é uma resolução de fé que afirma e confirma que Maria é Mãe de Deus.

O Dogma da Maternidade Divina de Maria nasce em torno de uma polêmica e uma dúvida de fé sobre Jesus. Havia em Antioquia um bispo chamado Nestório. Segundo ele e seus seguidores, a humanidade e a divindade de Jesus eram duas realidades totalmente distintas e separadas. Veja, o problema levantado não foi inicialmente em nada relativo à pessoa de Maria, mas sobre Jesus, afinal, Nestório afirmava que Jesus se dividia em duas realidades separáveis: humana e divina.

Diante desta afirmação, discussões, orações, meditação e muito estudo começou a ser feito. Afinal, discutiam: como pode ser Jesus dividido desse modo? Não se trata de duas pessoas, mas uma única, então como é possível separar a humanidade e a divindade do Senhor? Sendo, pois, dividido, não seriam, então, duas pessoas e não uma só? O assunto era difícil de ser resolvido e exigia muita calma e muito estudo.

Assim, alguns começaram a pensar: se Jesus está dividido em sua humanidade e divindade, logo, Maria é mãe de Jesus homem e não de Cristo-Deus. E por isso as discussões se alardearam ainda mais.

No ano de 431 todas estas dúvidas levantadas foram levadas em Concílio – chamado o Concílio de Éfeso – e colocadas em discussão. Note que se negarmos que Maria é mãe de Deus, logo negamos que Jesus é Deus. Não se pode conceber o que Nestório tentou fazer sob o risco de negar o próprio Cristo, afinal, não se trata de duas pessoas, mas de uma mesma e única pessoa dotada de duas naturezas: verdadeiramente homem e verdadeiramente Deus.

O Verbo de Deus se fez carne (Jo 1,14) e habitou entre nós por meio da encarnação no seio de Maria. Aquele que se encarnou é o Filho de Deus, segunda Pessoa da Santíssima Trindade, em substância, essência e modo: Deus mesmo! Não se pode falar como sendo duas pessoas distintas e separáveis: Jesus uma pessoa totalmente humana e o Cristo outra pessoa totalmente divina. Ora, alegar tal coisa é colocar em sério risco o próprio mistério da redenção.

Após longa discussão o Concílio de Éfeso entendeu que Jesus é Filho de Deus e que tem em si as duas plenas naturezas: divina e humana. Portanto, Ele é verdadeiramente Deus e verdadeiro homem. É o que a teologia chama de união hipostática: Jesus Cristo é verdadeiro Deus e verdadeiro Homem.

Logo, sendo Jesus Deus e homem, Maria, sua mãe, é verdadeiramente mãe de Deus. Segundo o Concílio de Éfeso: Maria é Mãe de Deus por haver gerado, segundo a humanidade, um Filho que é pessoalmente Deus.

A lógica é clara: se cremos que Jesus é Deus – e penso que ninguém tem dúvidas sobre isso – logo, Maria, a mãe de Jesus, é, também, Mãe de Deus.

Essa resolução, embora causando muita discussão nos primórdios do cristianismo, já era muito bem aceita e vivida pelos primeiros cristãos. Vamos retomar aquela oração – a mais antiga de todas clamando a intercessão de Maria – que foi descoberta em papiros dos primeiros séculos no qual os cristãos da primeira/segunda geração assim clamavam: À vossa proteção recorremos **santa Mãe de Deus**, não desprezeis as nossas súplicas em nossas necessidades, mas livrai-nos sempre de todos os perigos. Oh Virgem, gloriosa e bendita (grifo nosso). Veja, antes destas dúvidas levantadas por Nestório sobre a divindade e a humanidade de Jesus – o que, logicamente, resultou em questionamentos sobre se Maria seria a mãe do homem ou a mãe de Deus – os cristãos, desde os primeiríssimos tempos, entendiam e viviam a fé clamando a Maria como a Mãe de Deus.

A Mãe de Deus, segundo a carne – como reza a liturgia –, que foi assumida pelo Verbo Divino no mistério da encarnação pela total revelação de Deus e salvação do gênero humano. Após o Concílio de Éfeso, os outros que vieram – Calcedônia em 451, Constantinopla em 553, Constantinopla III em 681, confirmaram esta verdade de fé: Jesus é Deus e, portanto, Maria é a Mãe de Deus.

A fundamentação desta afirmação de fé encontra respaldo nas Sagradas Escrituras, afinal, quando Isabel recebe a visita de Maria em sua casa, impulsionada pelo Espírito Santo, proclama: **"Como me acontece que a mãe do meu Senhor venha a mim?"** (cf. Lc 1,43). Embora os evangelistas, ao se referirem a Maria, tenham escrito: Maria, a mãe de Jesus (Lc 1,26-38; Jo 2,1.19.25), há que se entender que Jesus é Deus, pois assim os Apóstolos acreditavam e ensinaram.

Quando da própria saudação do Anjo Gabriel, ele afirmou que a gravidez de Maria não seria por meios humanos, mas puramente por força do Espírito Santo: O Espírito Santo descerá sobre ti, e o poder do Altíssimo te cobrirá com sua sombra. **Por isso, aquele que vai nascer é santo e será chamado Filho de Deus** (cf. Lc 1,35).

No momento da morte de Jesus, conforme a narrativa de Lucas, o centurião – soldado – romano que ali estava, vendo o que acontecia, professou sua fé dizendo: de fato, este homem era o filho de Deus (Lc 23,47-48).

Aquele mesmo Jesus nascido e cuidado por Maria desde a sua infância em Nazaré, quando dos mistérios de sua Páscoa, apareceu aos Apóstolos reunidos. Tomé, chamado Dídimo, estava fora. Duvidando da ressurreição do Senhor questionou se, de fato, era Jesus. Numa outra ocasião, quando o Senhor aparece a ele, e Tomé tem a oportunidade de encostar nas marcas dos pregos nas mãos e nos pés de Jesus e de tocar seu lado ferido pela lança, ele cai aos pés de Jesus e exclama: **"Meu Senhor e Meu Deus"** (cf. Jo 20,28).

Ora, todas essas passagens bíblicas estão se referindo ao mesmo Jesus, aquele nascido em Belém, filho de Maria, anunciado pelo anjo, que realizou grandes prodígios e sinais. É o mesmo Jesus e não outro. É o mesmo Cristo Redentor e não outra pessoa. É Ele: verdadeiramente Deus e verdadeiramente homem. Deus visitou o seu povo e se encarnou no seio de Maria. Desse modo, se não resta dúvidas que Jesus é Deus, logo, não podemos duvidar que Maria é a *theotókos*: a Mãe de Deus.

Mesmo após este longo percurso histórico ainda hoje há quem questione a maternidade divina de Maria. Mas, veja bem, trata-se de simples lógica: se Jesus é Deus e Maria é a mãe de Jesus, logo Maria é a Mãe de Deus.

No entanto, por meio desta lógica e de alguns erros no pensamento e na elaboração, alguns imaginavam que Maria fosse uma "deusa" ou "semideusa", que talvez tomasse um lugar especial na Trindade ou algo assim. Na verdade, todas essas teorias são elucubrações de pessoas que não conseguiram ainda adentrar firmemente no texto, no contexto e no pós-texto das discussões e das resoluções dogmáticas.

Como Mãe de Deus, a maternidade de Maria e o mistério da salvação toca cada pessoa da Santíssima Trindade: um único Deus em Três pessoas distintas, cada uma realizando o que lhe é próprio:

1) Maria é filha de Deus Pai-Criador: uma filha escolhida, separada, predileta. Ela é criada para uma missão especial e, por isso, tecida com carinho por Deus-Pai. Maria é a mulher da nova criação. Enquanto Eva pecou e quebrou a graça original na Aliança com Deus, Maria reconstitui essa graça primeira e, assim, é modelo de toda criatura. Em Maria se concretiza a eterna criação de Deus-Pai, pelo Filho, no Espírito Santo.

2) Maria é mãe de Deus Filho-Salvador: primeira discípula, mãe e educadora. Em seu seio Deus-Filho – o Verbo – se encarnou e veio morar no meio de nós. Maria é mãe de Deus-Filho feito homem em Jesus Cristo na plenitude da Revelação de Deus para a salvação da humanidade. Ela esteve com Jesus em todos os momentos de sua vida terrena e continua com Ele na glória eterna.

3) Maria é esposa de Deus Espírito Santo – santificador: ela que desde o primeiro momento é chamada de "plena do Espírito Santo" e tudo o que nela se fez não foi por obra ou colaboração humana, mas por pura graça e intervenção de Deus. Maria está ao Espírito Santo em plena docilidade e comunhão. Afinal, conforme diz o evangelista: o Espírito Santo virá sobre ti e o Altíssimo te cobrirá com sua sombra (Lc 1,35). E tudo o que se fez foi por pura gratuidade e vontade de Deus.

Maria é ainda lembrada como membro figurativo de toda a Igreja. Nela e por ela todo cristão deve buscar inspiração para seguir a Cristo de perto e configurar-se a Ele, a exemplo de Maria, sua mãe.

Desse modo, perceba que Maria não ocupa lugar algum na Santíssima Trindade e não faz parte da divindade de Deus. Embora tenha recebido em seu ventre o próprio Deus, esta realização não a tornou deusa ou algum tipo de divindade. Pelo contrário, ressaltou quem ela de fato é e como modelo da nova criação mostra que é possível a todo ser humano amar, seguir e ser fiel a Deus assim como ela foi.

Assim, entendemos que o Dogma da Maternidade Divina de Maria – *theotókos* – afirma que Maria é mãe de Deus porque Jesus Cristo é Deus. Não podendo distinguir humanidade e divindade em Jesus e, logo, maternidade divina e humana em Maria.

A liturgia celebra solenemente esta verdade de fé no dia primeiro de janeiro. O ano civil começa sempre sob a proteção da Menina de Nazaré quando a proclamamos solenemente: Santa Maria, Mãe de Deus.

Mas, se ela é mãe – Mãe de Deus –, como pode ser virgem? Será possível ser virgem após o parto?

3.2 A virgindade perpétua de Maria

Desde a era apostólica e nos primórdios da fé cristã a pessoa de Maria foi associada à virgindade. As comunidades de fé diziam, rezavam e ensinavam que Maria era plenamente virgem antes do parto, no parto e após o parto.

O Dogma da Virgindade de Maria é proclamado frente a acaloradas discussões sobre a possibilidade de alguém permanecer virgem após o parto e sobre a justificativa de alguns que, lendo as Sagradas Escrituras, encontravam a expressão: irmãos de Jesus. Quanto a este tema, penso que você já o entendeu bem. Caso ainda não, volte à leitura do capítulo primeiro e reveja as bases deste argumento.

Naquele tempo, havia implicações espirituais e morais a respeito da virgindade e, por isso, gerou preocupação ao núcleo central da fé cristológica. Havia quem quisesse justificar a virgindade como um elemento de pureza a fim de sobrelevar as virtudes. No entanto, para a cultura judaica do tempo de Jesus, a mulher para se realizar precisava ser mãe e quanto maior o número de filhos, maior significava a bênção de Deus. Basta lembrar do drama de Isabel e Zacarias que, embora sendo idosos e prósperos, não tiveram filhos até o cumprimento da promessa de Deus.

As discussões e os argumentos levantados foram tomando grandiosidade e gerando dúvidas e conflitos nas comunidades daquela época. Então, mais uma vez, convocou-se um Concílio para que se pudesse meditar, rezar e estudar bem o assunto.

A dúvida de fé foi resolvida no Concílio de Constantinopla II no ano de 553 quando, então, após muita conversa, estudo e oração foi proclamado o Dogma da Virgindade perpétua de Maria.

Assim entendeu o Concílio ao proclamar o Dogma da Virgindade Perpétua de Maria. Há que se levar em consideração três componentes:

1) Maria – virgem e solteira – concebeu Jesus pela força do Espírito Santo, sem relação sexual com José ou qualquer outro homem (concepção virginal);

2) Após o nascimento de Jesus, Maria quis – consagrando-se, mais uma vez, inteiramente a Deus – viver o celibato por toda a vida e passar sua existência "sem conhecer homem algum" (Lc 1,34) (virgindade perpétua);

3) A graça agindo na hora do parto de modo extraordinário – Maria não teria tido um parto totalmente natural, mas a graça de Deus teria agido de modo extraordinário no exato momento em que ela trouxe à luz o Filho de Deus (virgindade no parto).

Assim definiu o Concílio:

> Quem não confessa que são dois os nascimentos do Deus Verbo, o de antes dos séculos, do Pai, fora do tempo e da corporeidade, e o dos últimos dias dele, que desceu do céu e tomou carne da santa gloriosa Mãe de Deus e sempre virgem Maria e nasceu dela, seja anátema (DS 422).

Assim, entendemos que a virgindade de Maria passa por três níveis de afirmação: biológico, antropológico e teológico.

A Bíblia Sagrada lança as bases para a proclamação deste dogma e deixa claro esta relação virginal de Maria. No primeiro capítulo do Evangelho de São Mateus, ele inaugura seus escritos com a genealogia – conforme já vimos no primeiro capítulo deste livro – e afirma que: Jacó gerou José, o esposo de Maria, da qual nasceu Jesus, que é chamado Cristo (Mt 1,16).

Ainda São Mateus, ao explicar a origem divina de Jesus e narrar que o Anjo do Senhor apareceu a José em sonho, assim diz:

> Eis como foi a origem de Jesus Cristo. Sua mãe, Maria, desposada com José, antes de conviverem, achou-se grávida pela ação do Espírito Santo. José, seu esposo prometido, sendo justo e não querendo expô-la, cogitou em despedi-la secretamente. Enquanto assim ponderava, apareceu-lhe o anjo do Senhor, que lhe disse: José, filho de Davi, não temas receber Maria, tua mulher, pois o que nela foi gerado vem do Espírito Santo. Ela dará à luz um filho, e tu lhe porás o nome de Jesus, pois ele salvará o seu povo dos seus pecados (Mt 1,18-21).

E, ainda, faz questão de registrar São Mateus: Ao despertar do sono, José fez o que o anjo do Senhor lhe havia ordenado e acolheu sua mulher. **E sem que José a tivesse conhecido, deu à luz seu filho** (cf. Mt 1,25).

Também no Evangelho de Lucas se encontra a fundamentação para este dogma de fé. Quando o anjo anuncia a Maria, a pergunta que ela faz é: "Como acontecerá isso, se não conheço homem algum?" (Lc 1,34). Aqui, neste sentido, como em vários momentos bíblicos, a palavra "conhecer" tem relação direta com a intimidade sexual.

É interessante notar que a Bíblia não fala em nenhuma parte sobre intimidades entre Maria e José ou mesmo não deixa claro, explícito, que eles teriam tido outros filhos. Há quem queira justificar outros filhos de Maria por meio da expressão "os irmãos de Jesus" que está presente na Bíblia. Ora, mas há outras expressões assim e que, sabidamente, não se trata de irmãos de sangue, filhos do mesmo pai e mãe. Abraão, que é tio de Lot, o chama de irmão (Gn 11,31). Também Moisés se refere aos seus compatriotas hebreus como irmãos (Ex 2,11). Ainda hoje chamamos de irmãos e irmãs os batizados que comungam de uma mesma fé ou ideal conosco.

Ao conceber de modo virginal, Maria recebe totalmente a graça de Deus. Ou seja, ela não participa de modo humano, mas se faz nela a nova criação por obra do Espírito Santo. Como todos os dogmas, a virgindade de Maria está centrada na pessoa de Jesus Cristo, pois Ele não nasceu da carne e nem por obra de homem, mas pela força de Deus. A encarnação e a redenção chegam até nós por meio do amor e da graça de Deus. Na fragilidade do corpo humano de Maria se encontra a força do Deus Onipotente que faz gerar em seu seio o próprio Verbo.

Desse modo, se entende que quis Deus preservar a Mãe de seu Filho. Assim proclamamos:

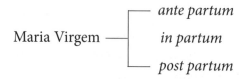

Ao falar da virgindade de Maria e o objetivo central do dogma não é levantar uma bandeira sobre a virgindade moral. O aspecto doutrinário não aborda a virgindade tão somente como um preceito moral e piedoso no sentido de pureza ou purificação. Além do que, claro, toda maternidade é dom de Deus, é graça e vocação específica. Por isso, não podemos cair neste risco – tão fácil de entrarmos – de discutir a pureza neste viés axiológico tentando descobrir quem é mais puro e santo: as mulheres virgens ou aquelas que têm filhos? Ora, cada qual, cumprindo sua vocação, recebe a pureza conforme o seu estado de vida. As casadas sejam puras em relação aos seus maridos. As consagradas vivam sua opção e a pureza conforme seu chamado. Mas, repito, falar sobre a virgindade de Maria e sobre este dogma não é tratar sobre discussões infrutíferas sobre a virgindade no aspecto moral ou sobre a santidade a partir da abstinência carnal. O aspecto aqui posto é muito mais profundo e teológico, pois toca questões de fé.

Os primeiros cristãos rezavam e clamavam Maria como sempre virgem. Nas profissões de fé mais antigas, nas orações como temos hoje o "Creio em Deus Pai..." – que contém um resumo esquemático da fé professada e vivida –, naqueles primeiros tempos se rezava: nasceu da Virgem Maria.

Assim, vemos os fundamentos deste dogma na Bíblia Sagrada, também na Sagrada Tradição e o magistério da Igreja que de diferentes modos e por diversas vezes afirma esta verdade de fé. O Concílio Vaticano II na *Lumen Gentium* assim diz: depois do nascimento, quando a Mãe de Deus, cheia de alegria, mostrou aos pastores e aos magos o seu Filho primogênito, que não diminuiu, mas antes consagrou a sua integridade virginal (cf. LG 57).

Maria é o modelo perfeito da Igreja, da comunidade dos seguidores de Jesus. Ela, pura e imaculada, sem macha alguma, é o convite, o protótipo perfeito daquilo que todo homem e mulher são chamados a ser.

Falar de virgindade numa sociedade hedonista e sexualizada parece estranho, retrógrado e moralista. Mas, não se trata nada disso. Infelizmente, o ser humano tem buscado o prazer de modo desenfreado e irrefletido, sem medir as consequências, e o sexo se tornou um escape como um ato simples de satisfação pessoal sem compromisso consigo mesmo e com o outro. Falar em castidade, virgindade, pureza é assunto que, para muitos, é motivo de críticas sem fim.

O sentido da virgindade está ligado a entrega, a pureza – repito, não somente no sentido moral coloquial, mas da plenitude do ser – mais que simplesmente pensar em ato sexual, carnal, deve-se pensar no compromisso com uma causa e na entrega sem limites a esta.

Assim, há que se afirmar e reafirmar a virgindade de Maria para os méritos de seu filho Jesus. Quis a própria Virgem Maria conservar-se inteiramente e despojar-se ao serviço de Deus por meio de Jesus. A entrega total à causa da salvação, o compromisso com o mistério sagrado que ela carregava, a fez virgem numa consagração total à vontade de Deus.

Dessa forma, sabemos que o Dogma da Virgindade Perpétua de Maria está em vista de Cristo e responde às dúvidas de fé surgidas sobre sua maternidade em relação a outros filhos e à vivência conjugal com José. Além de expressar sua total e disponível consagração e fidelidade a Deus: antes, durante e após o seu parto.

Mas, ainda há outro dogma mariano que precisamos conhecer. Sendo ela virgem e Mãe de Deus, poderia Maria ter pecado? Também ela teria sido herdeira do pecado original?

3.3 A Imaculada Conceição de Maria

Certamente você conhece pessoas que receberam o nome "Imaculada". Vez ou outra encontramos Imaculada, Maria Imaculada etc. Todos estes nomes tomados como próprio fazem referência direta ao dogma de fé mariano sobre a imaculada conceição da Virgem Maria.

Mas, o que isso significa? A palavra imaculada significa limpa, clara, sem mancha. E a palavra conceição tem origem no latim – *conceptio, onis* – e significa o ato de conceber, de gerar, de trazer à vida. Logo, aprendemos que "Imaculada Conceição" significa concebida sem mancha, gerada sem erro, gestada sem marcas ruins.

Para entender a razão do Dogma da Imaculada Conceição é preciso anteriormente aprender sobre o pecado original e a graça original/originante. Sabemos que Deus tudo criou por amor. O Senhor nosso Deus chama tudo à existência a partir do nada e dá forma, modo e unidade a toda criação. No ápice do processo criacional, Deus cria o homem à sua imagem e semelhança (Gn 1,26-28) e lhe entrega a criação para o cuidado. Aqui se estabelece uma amizade, confiança, entre Deus e o gênero humano. A graça original era o fundamento de todas as coisas, pois Deus, Todo-poderoso, bom e amável, não somente dá vida ao homem, mas com ele convive numa relação de amor. Diz o livro do Gênesis que todos os dias, ao cair da tarde, o Senhor Deus caminhava pelo jardim e se encontrava com os homens (Gn 3,8). Perceba que antes de haver pecado no mundo, o que imperava era a graça de Deus – que os teólogos chamam de graça original ou graça originante. Deus e o homem viviam em perfeita comunhão e harmonia.

No entanto, deixando se levar pelo orgulho e a soberba, querendo ser como Deus, o gênero humano se deixa enganar por seus próprios desejos e quebra a aliança primeira com o Senhor. Dessa desobediência surge, então, o pecado. Mas, o que é pecado? Trata-se de atos, omissões, pensamentos e palavras, decisões que de modo livre e consciente são tomadas contrariando a vontade de Deus. Pecado é rompimento de confiança, quebra de aliança, abrir mão, de modo livre e consciente, da opção fundamental por Deus.

Com o pecado de Adão e Eva (Gn 3,1-24) aquela harmonia e comunhão da graça original foi quebrada. O homem traiu a confiança de Deus e deixou que a concupiscência dominasse seu ser. Assim, o que era graça original se torna pecado original. Os maus desejos instalados no coração do homem passam a dominá-lo e o homem, querendo ser como Deus, vira as costas ao amor criador do Senhor.

O pecado de Adão e Eva – figuras narrativas e prefigurativas de todo gênero humano – gerou no homem a concupiscência, que significa uma inclinação para as coisas más e não tementes a Deus. Não por acaso São João em sua primeira carta alerta: Ora, o mundo passa! E, com ele, a concupiscência da carne (1Jo 2,16-17). Essa inclinação para o mal, esta tendência à quebra da confiança, é a marca que todo gênero humano herdou pela desobediência dos primeiros pais e, exatamente isso, é o que conhecemos pelas palavras e conceitos de pecado original.

Todo ser humano nasce trazendo em si essa tendência à desobediência a Deus. Essa má inclinação gerada pela concupiscência. O pecado de Adão e Eva ressoa em nós e nascemos carregando essa culpa que não é somente de um, mas de todos os homens que desejaram ser como Deus e viraram as costas ao Senhor.

No entanto, quis o próprio Deus que, tendo o homem pecado, ao ser restabelecida a graça, assim como o pecado entrou no mundo por meio de "um homem e uma mulher", assim também a graça seria restabelecida por meio de um homem e uma mulher. E a fim de extirpar todo princípio de mal e todo vínculo maldito da desobediência, por pura graça Divina, ao ser concebida Maria, o Senhor Deus concede a ela a graça de ser Imaculada, ou seja, concebida sem a mancha do pecado original.

Desde o tempo que se cunhou esta teologia do pecado original em contraponto à graça primeira, entende-se que Maria, por ser Mãe de Deus, não teria sido herdeira desse pecado. Ora, ela que foi totalmente obediente a Deus, inteiramente fiel, não poderia ter herdado a concupiscência própria de Adão e Eva.

O povo de Deus ao longo da história sempre acreditou que Maria era imaculada mesmo antes do dogma ter sido oficialmente proclamado. O Papa Pio IX antes de proclamar o dogma consultou todos os bispos do mundo inteiro e muitos fiéis, e percebeu-se que, na fé popular, todo o povo já chamava e clamava Maria como a concebida sem pecado.

As Sagradas Escrituras fazem menção a esta verdade de fé. A começar pelo próprio texto do Evangelho de São Lucas, quando da anunciação o Arcanjo Gabriel chama Maria de "a cheia de graça" (Lc 1,28). E continua: encontraste graça diante de Deus (Lc 1,30). Também no livro do Gênesis, como já vimos, o pecado entra no mundo pela desobediência da mulher e do homem e Deus, para restabelecer a Aliança e a graça, afirma que a mulher e a sua descendência pisarão na cabeça da serpente (Gn 3,15). No Cântico dos Cânticos o autor canta: És toda bela, minha amada, e em ti não se encontra um só defeito (Ct 4,7). Logo em seguida, continua o autor: Quem é esta que avança como a aurora. Formosa como a lua e brilhante como o sol (Ct 6,10). Os Padres da Igreja percebiam nestas passagens da Sagrada Escritura um sinal desta graça especial que Maria recebeu. Ela, a nova Eva, a Arca da Aliança, obediente a Deus e totalmente entregue ao projeto de salvação, deveria ser preservada de toda e qualquer mancha de pecado em vista de seu Filho, Jesus Cristo.

Note que a graça recebida por Maria não é um mérito exclusivo dela, mas em vista de Jesus. Como poderia o Filho de Deus, o Verbo Divino, se encarnar no seio de uma mulher pecadora. Como poderia Deus se fazer homem por meio de alguém que lhe fosse desobediente? Seria possível colocar uma joia extremamente preciosa dentro de um recipiente inseguro, sujo e sem preparação? Não! Maria é o vaso sagrado preparado para receber o Senhor dos senhores. E, por isso, foi necessário que, para trazer em seu ventre e gerar o Filho de Deus sem culpa ou mancha alguma, ela fosse preservada do pecado original e de toda concupiscência. Por isso, pode-se afirmar que Maria foi concebida sem pecado.

Maria foi a primeira de todas as criaturas redimida por seu próprio Filho ao trazê-lo em seu ventre. O Concílio Vaticano II, na Constituição Dogmática *Lumen Gentium*, afirma essa verdade de fé: ela foi redimida de modo sublime (LG 53). Assim, ela foi concebida sem pecado e obediente e entregue a Deus, preservou-se do pecado por toda a vida. Se Cristo é todo imaculado e livre de todo pecado, também assim haveria de ser aquela que o geraria em seu ventre trazendo-lhe à existência humana.

O Dogma da Imaculada Conceição foi proclamado pelo Papa Pio IX no ano de 1854. Grandes foram os defensores desta verdade de fé até que ela fosse solenemente proclamada, dentre eles São Francisco de Assis, Santo Tomás de Aquino, São Bernardo de Claraval etc.

Também as devoções marianas populares aumentaram e começaram a afirmar este título. Na aparição de Maria a Santa Catarina Labouré, em 1848, ela manda cunhar uma medalha – conhecida por nós hoje como a

Medalha Milagrosa –, e nesta medalha está escrito: "Oh Maria concebida sem pecado. Rogai por nós que recorremos a vós". Também nas aparições de Fátima, em 1917, Maria afirma ter vindo do céu e que era ela a Imaculada Conceição. O povo cantava hinos, fazia versos, melodias dedicadas à Imaculada Conceição muito antes de o dogma ser proclamado.

A condição do nascimento de Maria, embora sendo humana, foi abolida por graça de Deus. Ela foi preservada do pecado e imune a toda mancha em virtude de sua participação nos mistérios da encarnação do Verbo, por causa de Cristo e pelos méritos do Divino Redentor. Justamente por Deus ter chamado Maria a ser coprotagonista dos mistérios salvíficos, e como mulher da nova criação – Cristo, novo Adão, e Maria, nova Eva ela não está no mesmo patamar que os primeiros pais, mas preservada do pecado ela é totalmente obediente a Deus.

A *Lumen Gentium* afirma em seu número 56/144 que Maria foi formada nova criatura para poder gerar o novíssimo Adão, Jesus Cristo. Assim, também, ela foi feita novíssima Eva. Cristo e Maria modelos da nova criação e protótipos de todo ser humano na nova e eterna Aliança restabelecida pelo Pai, na ação do Espírito Santo, pelo sangue derramado de Jesus, nosso Senhor.

A devoção à Imaculada Conceição de Maria já era grande antes do dogma e tomou força ainda maior em todo o mundo. Tendo como data litúrgica o dia 8 de dezembro – dia no qual o dogma foi solenemente proclamado – conta-se que na noite do dia 7 para o dia 8 de dezembro de 1854, em todo mundo, fiéis católicos foram para as ruas em procissão e cantaram hinos a Maria, acenderam suas velas e louvaram a Deus por meio dela. Nas Igrejas paroquiais houve vigília e o povo se emocionou quando pelos meios de comunicação – poucos ainda difusos naquele tempo – souberam que o papa reunido com os bispos, atento às inspirações do Espírito Santo e a vivência da fé, havia proclamado: Maria é a Imaculada Conceição.

Não basta simplesmente proclamar essa fé, mas é necessário buscar viver esta verdade. Afinal, sendo Maria o modelo perfeito de seguimento a Cristo, deve também toda a humanidade buscar, a exemplo dela, viver sem pecado, totalmente entregue e obediente ao projeto de Deus, comprometida com a História da Salvação e o tempo da Igreja, buscando em Maria os dois movimentos de fé que ela nos ensina: eis aqui a serva do Senhor (Lc 1,38) e fazei tudo o que ele vos disser (Jo 2,5).

Portanto, o Dogma da Imaculada Conceição significa que Maria foi concebida, preservada de toda mancha de pecado, especialmente do pecado original. Não por seus méritos, mas em vista de Cristo e do projeto do qual iria participar. Para nós, compreender este dogma de fé hoje é, além de assumir e viver esta verdade, buscar imitar Maria em sua pureza total, entrega irrestrita e obediência obsequiosa à vontade de Deus.

Então, sendo ela sem pecado, Maria está no céu? E como explicar, conforme ouvimos e aprendemos, que ela subiu para o céu de corpo e alma? O que podemos entender por assunção?

3.4 A Assunção de Maria aos céus

Dentre os quatro dogmas marianos, a Assunção de Maria aos céus em corpo e alma é o mais recente. Foi proclamado em 1º de novembro do ano de 1950 pelo Santo Padre o Papa Pio XII em comunhão com os Bispos do mundo inteiro e com os fiéis. Assim como ocorreu com os outros dogmas, antes mesmo da proclamação oficial, o povo de Deus já assim acreditava, rezava e vivia – *lex orandi, lex credenti*.

Este dogma está intimamente ligado – bem como todos os outros – à pessoa de Jesus. Pois, se durante toda a vida terrena Maria esteve intimamente ligada ao seu Filho – desde o anúncio, de Belém ao calvário, e após a ressurreição na missão da Igreja –, também, finda a vida terrena, ela estaria igualmente ligada a Ele no céu.

As Sagradas Escrituras nada falam sobre a possível morte de Maria e a sua entrada no céu. Afinal, como já aprendemos, a Bíblia tem como centro a mensagem de Cristo e a salvação que Ele nos conquistou. Logo, não gravita entre outros acontecimentos. E certos eventos da fé não foram escritos, mas guardados e transmitidos segundo a Tradição.

A Tradição fez chegar até nós esta verdade de fé: Maria subiu ao céu em corpo e alma, pelos méritos de seu Filho, Nosso Senhor Jesus Cristo. Chegando ao fim de sua peregrinação terrestre, Maria – que não conheceu a corrupção do pecado e da desobediência a Deus – não experimentou o drama e o sofrimento da morte, mas como santa e imaculada, entregou-se inteiramente à dormição na graça de Deus.

A "dormição de Maria" significa exatamente o fim da vida de Maria neste mundo e a sua passagem ao Reino dos Céus. Se o salário do pecado é a morte – como ensina São Paulo em Rm 6,23 –, logo entendemos que Maria não experimentou a morte como todo ser humano pecador, ou seja, a morte sofrida, dramática, como uma separação. Ela que não pecou, não conheceu nenhuma mancha, não poderia sofrer o drama da morte; mas, chegando o fim de seu tempo neste mundo, entregou-se em corpo e alma a Deus e dormiu confiantemente nos braços da Trindade Santa.

Embora pareça difícil de entender, não é raro ouvir alguém contanto sobre a vida e a morte de outra pessoa dizendo assim: "morreu como um passarinho, em paz!"; "nossa, parecia que estava dormindo"; "Fulano, quando morreu, transmitia uma expressão de paz, parecia que estava dormindo". Enfim, se a cultura e a sabedoria popular já assimilaram esta ideia, muito mais a teologia ensina e afirma que Maria viveu seu final terreno nesta "dormição", entrega total a Deus. A verdade é que, do modo como se vive, se morre! Quem busca viver bem, fazendo coisas boas e espalhando amor, também vai morrer bem, recebendo coisas boas e cercado de amor. Quem vive em Deus, morre em Deus. Assim foi com Maria pelos méritos de Jesus Cristo.

Sendo a pessoa de Maria a nova Eva, a Mulher da nova criação e o protótipo de todo ser humano no seguimento de Jesus, deveria, pois, ser ela a primeira a dormir em Deus e ressuscitar para viver junto ao seu Filho. Como primeira cristã e discípula missionária de Jesus, ela é a primeira a experimentar a glória de Deus ao lado de seu Filho.

Mas, veja, isso não é um privilégio de Maria, mas o que aconteceu com ela é um sinal prefigurativo para todos nós, cristãos batizados, seguidores de Jesus, membros da Igreja. Também nós somos chamados a viver e morrer em Deus e, no fim dos tempos, ressuscitar e morar eternamente na casa do Pai.

O Dogma da Assunção de Maria aos céus em corpo e alma está direta e intimamente ligado ao mistério da ressurreição e ascensão do Senhor Jesus. Não é de se estranhar estes conceitos de fé. Afinal, ainda que sem prestar a devida atenção, desde a primeira catequese, nós rezamos repetidas vezes na Profissão de Fé – oração do "Creio em Deus Pai" ou Credo – que cremos na ressurreição da carne, cremos no julgamento final, cremos na vida eterna. A vida eterna e os sinais que um dia se manifestarão em nós se realizaram por primeiro em Cristo e em Maria.

Embora a Bíblia não fale diretamente da Assunção de Maria, nos dá muitas dicas e pistas para a reflexão. Iniciando pela mulher do Gênesis, aquela que pisa a cabeça da serpente e rompe com a estrutura de pecado (Gn 3,15). A mulher totalmente disponível à graça de Deus e entregue a sua santa vontade (Lc 1,26-38). Maria que é chamada de "a Nova Arca da Aliança", pois traz em seu seio o próprio Cristo – sangue da Nova e Eterna Aliança –, sinal pleno do amor de Deus com os homens (Ap 11,19). A Rainha que é colocada ao lado de seu filho, o Rei (1Rs 2,19). No livro do Apocalipse, capítulo 12, a Senhora vestida de sol, com a lua debaixo dos pés e coroada com uma coroa de doze estrelas. E, enfim, pensemos um pouco: se em Lc 23,39 Jesus disse ao "bom ladrão": "hoje mesmo estarás comigo no paraíso", quanto mais a Virgem Mãe de Deus. Quanto mais Maria estaria no céu e ao lado direito de seu Divino Filho.

A Assunção de Maria é a grande manifestação do poder de Deus e de seu compromisso salvífico com a humanidade. Como a primeira pessoa totalmente humana, a filha de Sião, aquela que confiou e fez a passagem do Antigo para o Novo, da Aliança primeva para a Nova, do judaísmo devoto ao cristianismo nascente. Ela, Maria, como modelo de todo gênero humano haveria de ser glorificada e, com ela, toda a humanidade.

Quando o dogma afirma que Maria foi assunta aos céus em corpo e alma está, aqui, trazendo um conceito bastante filosófico e teológico: a unidade da pessoa, a completude do ser. Ora, estamos tão acostumados com a fragmentação, com a divisão de tudo, que, vez ou outra, esquecemos que a parte é justamente parte/fração, porque pertence a um todo. O gênero humano criado à imagem e semelhança de Deus (Gn 1,26-28) é composto por três realidades: corpo, alma e espírito. Numa visão dualista fala-se em corpo e alma, mas ambos trazem o mesmo conceito. O ser humano não é só um corpo material, mas é composto de alma/inteligência e vontade e espírito/ligação com o transcendente. Assim, dizer que Maria subiu para o céu em corpo e alma significa dizer que foi a pessoa total, integral de Maria elevada à presença de Deus. Ela é a primeira humana perfeitamente glorificada.

Veja que a morte de Jesus e a dormição de Maria, bem como a ressurreição, reforçam a verdade de nossa Páscoa pessoal. Se Cristo ressuscitado é o princípio de nossa ressurreição, Maria, a assunta ao céu, é a garantia de nossa glorificação. O que se deu em Maria, se dará em todo batizado, membro fiel da Igreja de Cristo. Do mesmo modo, se pelos méritos de Cristo, Maria – a Imaculada e livre de todo pecado – simboliza a vitória sobre o pecado e a obediência a Deus, igualmente Maria – a Assunta aos Céus – simboliza a vitória de todo gênero humano sobre a morte – em tudo e por tudo em Cristo Jesus.

Ao subir para o céu em corpo e alma, pelo mistério de sua assunção, reafirma-se o sentido já presente quando da ressurreição de Jesus, o Senhor. Qual seja, a continuidade ininterrupta dessa vida terrena à vida eterna (2Cor 2,4). Viver a verdade de fé que é a assunção de Maria é afirmar que essa vida não termina com a morte ou com o fim das atividades terrenas, mas ela continua, em plenitude, no céu. Na verdade, essa vida que chamamos "eterna" já está aqui – já e ainda não – mas na espera feliz de um revelar-se sem véu.

No Dogma da Assunção da Virgem Maria vemos cumprir-se a promessa de Deus. Aquela que outrora fora a mulher das dores, sofrida, acompanhando seu Filho pelos caminhos do calvário, que permaneceu de pé aos pés da cruz, agora, de mulher sofredora se torna a glorificada, a Senhora da Glória, a Mulher da Glória participante dos méritos de seu Filho. Aquela que foi serva agora é coroada Rainha. A assunção de Maria é a entronização dos pobres e humildes, dos que esperavam o cumprimento da promessa. Pela humildade de Maria, Deus exaltou os pobres e humildes (Lc 1,48-52).

Assim, a figura de Maria assunta ao céu e glorificada é a prefiguração da Igreja, corpo de Cristo, e de todos os seus membros. Maria é a primeira. Como serva é entronizada Rainha e em sua pessoa todo o gênero humano espera pressuroso o cumprimento desta mesma promessa em cada seguidor fiel de Jesus, em cada membro da Igreja, em cada batizado que busca seguir a Cristo e vê em Maria o seu modelo de realização total.

A solenidade da Assunção de Maria é celebrada no dia 15 de agosto. Trata-se de uma tradição antiquíssima, mesmo antes da proclamação oficial do dogma. O Papa Pio XII por meio da Bula Pontifícia *Munificentissimus Deus* definiu que "a Imaculada Mãe de Deus, sempre Virgem Maria, cumprindo o curso de sua vida terrena, foi assunta em corpo e alma à glória celestial".

A Constituição Dogmática *Lumen Gentium* do Concílio Vaticano II em seus parágrafos 59 e 68 ressalta três dimensões sobre este dogma mariano:

1) Dimensão cristológica: Maria participa da glória de seu Filho. Sendo partícipe da ressurreição e glorificação de Jesus, ela é a primícia da nova humanidade e o modelo escatológico da glorificação da própria Igreja e de seus membros;

2) Dimensão eclesiológica: a Igreja tem uma finalidade escatológica, ou seja, peregrina nesta terra, rumo ao reino celestial. Por isso, a assunção de Maria mostra o rumo para o qual e para onde caminham todos os seguidores de Jesus, os membros de sua Igreja;

3) Dimensão antropológica: em Maria cumpre-se o projeto do Pai. O gênero humano é glorificado junto a Deus. Ela é a primeira e, com ela por causa de Cristo, serão todos aqueles que crerem e já aqui, nesta terra, fizeram sua opção fundamental por Deus.

Celebrar e viver o Dogma da Assunção de Maria significa acreditar que chegará o tempo em que todas as forças e poderes que regem o tempo e a oração se curvarão diante do Deus Altíssimo. Tudo neste mundo passa.

Nada aqui é eterno. Seja algo bom ou ruim tudo passa, tudo acaba, tudo termina. Mas assim como Deus tudo criou e do nada chamou todas as coisas à existência, do mesmo modo, um dia, chamará à sua Santíssima Presença tudo e todos e naquele dia haverá a glorificação ou a danação conforme as opções que cada qual fez ainda nesta vida. Por isso, guarde bem: como se vive, se morre. E a opção fundamental que se faz já nesta vida será duradoura por toda a eternidade.

A Assunção de Maria nos remete às realidades do céu e ao cuidado com o ser humano em todas as suas dimensões na certeza de que a salvação abarca todo o homem e em Cristo, e pelas primícias colhidas por Maria, haveremos de ver, também nós, o feliz Dia do Senhor e a alegria de nossa glorificação.

Vivendo a fé: um rosto para Maria

O rosto é uma forma de expressão da pessoa. Não por acaso as empresas têm investido na tecnologia chamada *Face ID*, ou seja, "identidade ou identificação facial – pelo rosto". Você pode desbloquear seu celular pelo reconhecimento facial e também há certas transações bancárias que você pode autenticar olhando para a câmera, pois, assim, ela identifica seu rosto e sabe que é você mesmo.

Também por meio do rosto manifestando expressões. As expressões faciais revelam mais sobre a gente do que imaginamos. Sem precisar falar nada, com um simples franzir na testa, um abaixar os olhos, uma mexida na boca e, pronto! Tudo se deixa entender.

Neste capítulo conhecemos mais intimamente Maria. Agora é o momento de formarmos um rosto, seu perfil. Como ela é a partir do que a Tradição nos trouxe e o Magistério nos legou.

Para este momento deve-se preparar:

1. Bíblia – para cada participante;

2. Folhas de papel, canetas, lápis, canetinhas;

3. Três imagens ou folhas de papel simbolizando a Imaculada Conceição, Nossa Senhora da Glória, Nossa Senhora das Graças e Maria grávida – o objetivo é, por meio dos quatro dogmas representados em imagens, ensinar que são características que formam "a pessoa Maria";

4. Selecionar as músicas:

   a) **Maria do povo** (Coral Palestrina). Disponível em: https://www.youtube.com/watch?v=jbYFyOM8iVY&ab_channel=CoralPalestrina-Topic

   b) **Tu és a Glória** (Coral Palestrina). Disponível em: https://www.youtube.com/watch?v=4Rr_G3cew9A&ab_channel=CoralPalestrina-Topic

5. Desenvolvimento:

- Prepare as passagens bíblicas que deverão ser lidas: Mãe de Deus: Jo 1,14; Lc 1,35 e Lc 1,43; Virgindade perpétua: Mt 1,16; Mt 1,25; Mt 1,18-21; Imaculada Conceição: Gn 3,15; Lc 1,28-30 e Ct 4,7.6.10; Assunção: Lc 1,26-38; 1Rs 2,19 e Ap 11,19.

- No início deve-se ter ao centro, se possível, as pinturas ou estampas de Maria correspondendo a cada um dos dogmas. Explicar aos catequizandos o que é Dogma de fé. O objetivo central do encontro é ensinar os dogmas de modo vivencial. Por meio deles, construímos o rosto, a pessoa de Maria, conforme a Tradição, o Magistério e a Sagrada Escritura nos ensinam.

- Dar espaço ao diálogo. Deixe que possam perguntar e contribuir, mas conclua sempre com os ensinamentos da Igreja. Cuidado para não incorrer em falsas doutrinas ou erros de compreensão.

- Convidar os catequizandos a desenhar seu rosto e dentro dele colocar suas características mais marcantes, sejam elas físicas ou de personalidade. Depois, motivá-los a entender que as características formam a pessoa que cada um é. E, daí, relacionar os dogmas com a pessoa de Maria. Deixar claro que as formas de representação marcam características de Maria e não pessoas diferentes.

- Terminar com uma oração final, conforme o costume.

4
Maria do povo de Deus

A identificação dos cristãos com a pessoa de Maria não é fato da atualidade, mas, pelo contrário, remete aos primórdios da fé cristã. Desde o tempo dos Apóstolos, o carinho, o respeito e a importância que davam à presença de Maria entre eles – conforme podemos verificar na própria Bíblia – ressalta o valor da Mãe de Jesus entre os discípulos dele e o lugar que ela ocupou desde a Igreja nascente.

Certamente, os Apóstolos se aconselhavam com Maria, gostavam de ouvir as coisas que ela tinha para contar sobre o menino Jesus, a adolescência dele, talvez as vezes em que ela teve de chamar a atenção dele, como no episódio da perda e do reencontro no Templo de Jerusalém, de como ela ensinou Jesus a falar, andar, rezar! Ah, como deve ter sido maravilhoso ouvir esses fatos da própria boca da Mãe de Deus.

Por isso, muito daquilo que está nos Evangelhos relatam esses acontecimentos que a Tradição guardou. E, possivelmente, alguns deles, ouvidos das narrativas de Maria aos primeiros cristãos. Afinal, quem poderia dar tantos detalhes sobre a anunciação, a encarnação, os primeiros anos e fatos da vida de Jesus, senão aquela que tudo isso viveu? Como poderia São Lucas ter descrito com tantos detalhes aquelas cenas se não tivesse ouvido de alguém muito próximo de Maria. Como poderiam ter os evangelistas escrito certas coisas se não tivessem tomado conhecimento por meio daquela que inaugurou tal história quando do anúncio angélico? Assim sendo é possível notar o quanto a figura de Maria faz parte do caminho do povo de Deus, tanto nos escritos como nas orações e na própria arte como a pintura atribuída a São Lucas, talvez uma das primeiras "fotos" de Maria ainda nos primeiríssimos séculos.

Por ser ela mesma membro do povo de Deus, este povo jamais caminhou sem a presença dela. Na era apostólica, no tempo dos Pais da Igreja, na escolástica, na modernidade, na Pós-modernidade e nos tempos contemporâneos, toda a história da cristandade está intimamente ligada ao caminhar de Maria junto ao povo de Deus. Nos momentos de alegria cantavam a ela pelo mistério de seu Filho Jesus e a salvação que Ele nos conquistou. Mas, também, nos momentos de dor, de martírio e sofrimento, cantavam a ela clamando a proteção da Santa Mãe de Deus e o auxílio daquela que desde o início foi aclamada como: *auxilium christianorum* – do latim, auxílio (auxiliadora) dos cristãos!

Maria, povo de Deus, Igreja, três aspectos que se confluem e se confundem, como membros, protótipos e sinais da presença e da ação de Deus. Ela, ao mesmo tempo, membro da Igreja, ponte de ligação do antigo ao novo povo de Deus e modelo perfeito de seguimento a Cristo Jesus. Sinal que convida a todos, olhando para ela, também a serem membros do Corpo místico de Cristo – a Igreja – e a tomarem parte no caminho da vida e da fé como novo Povo escolhido, buscando imitar suas virtudes no discipulado perfeito a Jesus.

Não por acaso Maria se identifica com a caminhada do povo. E não só, a fé popular está efetivamente ligada a Maria e aos mistérios que Deus nela realizou. Em qualquer parte do mundo, nas maiores periferias ou nas localidades mais distantes e isoladas, onde chegou a fé cristã, ali há alguém ou comunidade que invoca a presença e intercessão de Maria.

Nos interiores do Brasil, e também em algumas partes do mundo, a oração do *Angelus* às seis horas da tarde nas rádios, na torre das igrejas, o sino que soa, o senhor que tira o seu chapéu em gesto de respeito, a senhora que pausa seus trabalhos e eleva uma prece, os jovens e crianças que fazem o sinal da cruz, o povo que para, olha para o céu, eleva o pensamento a Deus e clama a proteção de Nossa Senhora – assim como os primeiros cristãos!

4.1 Todas as "Nossas Senhoras"

Embora pareça claro – mas, muitas vezes, o óbvio precisa ser dito e reforçado –, há muitos cristãos católicos que ainda não entenderam por que Maria é chamada de Nossa Senhora. E, ainda, não conseguiram compreender o motivo de tantos nomes. Afinal, por que tantas "Nossas Senhoras"? São estas pessoas diferentes ou são a mesma Maria, Mãe de Deus?

Este tema precisa ser muito bem trabalhado na catequese, pois gera dúvidas e há quem se aproveite dele para gerar confusão e confundir os fiéis seguidores de Jesus. Por isso, os catequistas e evangelizadores precisam entender, se debruçar sobre isso, para não causar dúvidas de fé e incômodos a má compreensão da verdade.

Como já vimos, desde os primeiros séculos os cristãos nutriram um amor especial pela Mãe de Jesus. Isso se comprova facilmente numa leitura atenta da Bíblia Sagrada, num estudo sério da Sagrada Tradição e nos documentos que o Sagrado Magistério trouxe até nós. Assim como São Lucas em sua pintura de Maria e em uma das primeiras orações que se tem notícia de ter sido direcionada a ela – À vossa proteção recorremos, Santa Mãe de Deus –, e assim como se chamava Jesus de Senhor – e Ele, de fato, o é –, desde o tempo primevo, começou-se a chamar Maria de Senhora!

A palavra "senhora" é um sinal de respeito. Assim como hoje, quando nos referimos a uma mulher de modo formal, respeitoso, nós a chamamos de senhora: uma juíza, uma delegada, alguém que ocupa um cargo relevante como a prefeita, a deputada. Também dentro de nossas casas, os filhos costumam direcionar-se à mãe, à avó, à madrinha, chamando-as de senhora. Ainda que pessoas mais jovens, mas em razão do cargo ou do respeito, chama-se por senhora como um sinal de boa educação e de reconhecimento. Então, entende-se que o tratamento "senhora" é uma forma de respeito e consideração, de manifestar à pessoa a boa educação recebida e o respeito a ela devido.

Mas, em Maria, este sentido se aprofunda. Afinal, a Mãe do Senhor também é a Senhora da nova criação. A Mulher do Gênesis ao Apocalipse é a Senhora sob a qual o gênero humano é gerado novamente e de seu ventre é chamado à nova existência em Deus. O que Eva rompeu pelo pecado, Maria restabelece pela graça e obediência. Por isso, ela é a Senhora da nova e eterna Aliança que se restabelece pelo sangue de seu Filho, Nosso Senhor Jesus Cristo.

Basta lembrar que, se tudo o que se diz de Maria se refere a Jesus, se todas as virtudes de Maria estão diretamente e intimamente ligadas ao mistério do Cristo, logo, se Ele é chamado "O Senhor", ela, por ligação a este mistério, é chamada "A Senhora".

Lembremos, mais uma vez, São Paulo aos Romanos:

> Portanto, pela transgressão de um só, a condenação se estendeu a todos os seres humanos, assim, pelo ato de justiça de um só, estendeu-se a todos a justificação que dá a vida. Com efeito, como pela desobediência de um só homem, muitos se tornaram pecadores, assim também, pela obediência de um só, muitos se tornarão justos (Rm 5,18-19).

E ainda mais, na Carta aos Gálatas:

> Quando se completou o tempo previsto, Deus enviou o seu Filho, nascido de mulher, nascido sujeito à Lei, para resgatar os que eram sujeitos à Lei, e todos recebermos a dignidade de filhos (Gl 4,4-5).

No livro do Cântico dos Cânticos vemos as belas poesias dedicadas à senhora como a prefiguração de Maria. Também no Antigo Testamento – como já vimos anteriormente – a "Senhora-rainha", mãe do rei, sentada ao seu lado direito, o aconselhava no governo de seu reino e lhe era presença contínua e fiel.

Desse modo, tanto na tradição bíblica quanto nos tempos pós-escritos, Maria foi lembrada e chamada como senhora por causa de Jesus. Note que não por ela própria, mas por causa de Cristo e pelos méritos dele. Maria é senhora porque ela é a mãe do Senhor.

Mas, então, por que a clamamos por "Nossa Senhora". Óbvio, por causa de "Nosso Senhor". O pronome possessivo "nosso" refere-se ao grau de pertencimento, de apropriação, de vinculação. Assim, dizemos que Jesus não é o Senhor somente do tempo, das coisas, das ideias, mas Ele é o nosso Senhor, ou seja, nos apropriamos deste senhorio, fazemos parte não de modo individual, mas enquanto Igreja, comunidade, Ele é o Senhor de todos nós.

Assim, do mesmo modo, chamamos Maria de Nossa Senhora. Ela não é a senhora de alguém individualmente ou de um grupo específico que queira apoderar-se dela, ou de uma comunidade isolada, mas ela é "A Senhora" de todo o povo de Deus, a Senhora da Igreja, a Senhora de todos, sem distinção, a Nossa Senhora – minha, sua, de todos nós!

Mas por que existem tantas "Nossas Senhoras"? Tantas imagens, tantos nomes, não é ela uma só pessoa? Ou são muitas?

Assim como há um só nome pelo qual seremos salvos, aquele que está acima de todo e qualquer nome: Nosso Senhor Jesus Cristo, também há uma única e só Senhora, Maria, a Mãe de Deus.

Maria é uma única e só pessoa. Embora possamos chamá-la de Maria de Nazaré; Maria de Belém; Maria, mãe de Jesus; Maria, Mãe de Deus; Maria, mãe da Igreja, enfim. Todos estes predicativos se referem à única Senhora, Maria, a mãe de Jesus. São modos de falar sobre ela a partir de seus atributos e participação nos mistérios de Cristo.

Isso não deveria nos causar estranheza, afinal, ainda hoje, conhecemos e reconhecemos as pessoas – e também nós somos conhecidos e reconhecidos – a partir de determinado lugar: o José marido da Tereza; o Tiago filho da Joana e do Carlos; a Janaína, advogada; o Mateus do cursilho, a Sabrina, catequista etc. Todos estes predicativos ou adjetivos são formas de individualizar, apresentar características ou atributos das pessoas. Mas, veja, trata-se da mesma e única pessoa.

Quanto às "Nossas Senhoras", o povo de Deus sempre se identificou com Maria. E, de fato, esse é o objetivo. Sendo o protótipo e modelo perfeito do seguimento a Jesus Cristo, os cristãos sempre devem se espelhar nela, buscando em sua pessoa as virtudes e o exemplo pleno para seguir Jesus.

Por isso, cada povo ao longo do tempo buscou identificar Maria como membro de sua cultura, sua língua, suas raízes. Como ela é membro do povo de Deus e mãe de todos os seguidores de Jesus, o povo de Deus começou – ao longo de anos e correr da história – chamar Maria de Mãe e de Nossa Senhora e, se ela é Mãe e Senhora de um povo, era necessário que ela se parecesse com aqueles que a queriam e a chamavam assim.

Desse modo, a fé e a devoção popular começaram cunhar nomes e predicativos para Maria de Nazaré. Ela, a mesma Mãe de Deus, recebeu nomes conforme a cultura e vivência religiosa de cada lugar e de cada povo ao redor do mundo: no Brasil, ela recebeu o nome de Nossa Senhora Aparecida, e as características do povo brasileiro; no México, recebeu o nome de Nossa Senhora de Guadalupe, os contornos e as formas do povo latino-americano; em Portugal, recebeu o nome de Nossa Senhora de Fátima, ao falar a língua portuguesa com os três pastorzinhos; em Roma, recebeu o nome de *Salus Populi Romani* – do latim, a Salvação do povo de Roma, Nossa Senhora das Neves; Nossa Senhora das Graças, pois com seus braços abertos derrama as graças que os cristãos pedem e pisa na cabeça da serpente, como lemos em Gn 3,15; Nossa Senhora Desatadora dos Nós, que desata as dificuldades e problemas de seus filhos; Nossa Senhora da Conceição, aquela que foi concebida sem pecado original; Nossa Senhora da Luz, aquela que aponta a Luz verdadeira e ilumina nossos caminhos; a Mãe Rainha, três vezes admirável; que passa mês a mês, de casa em casa, levando a presença de Jesus; Nossa Senhora do Santíssimo Sacramento, aquela que aponta para a verdade de fé irrefutável da presença de Jesus nas espécies sagradas em corpo, sangue, alma e divindade; Nossa Senhora do Bom Despacho, aquela que despacha as almas e as graças junto ao Rei Jesus, ela sentada ao lado dele intercede pelas necessidades de seus filhos; enfim, tantos nomes, de tantos lugares, de tantas formas – dizem que já foram catalogados mais de trezentos nomes e títulos –, mas a mesma Maria de Nazaré, a mãe de Jesus.

Oficialmente, chamamos estes "sobrenomes" de Maria de títulos – títulos marianos –, ou seja, Maria sob o título de auxiliadora dos cristãos, Rainha do céu, Rainha da família, Mãe da Igreja, Espelho de Justiça, Sede da Sabedoria, causa da nossa alegria etc. Os títulos marianos são meios de identidade/identificação do povo de Deus, em cada lugar, cultura e espaço geográfico, de vincular à Mãe de Jesus como sendo sua própria Mãe: "Mulher, eis aí o teu filho. Depois disse: Eis aí tua mãe". A partir daquela hora, o discípulo a acolheu em sua casa (Jo 19,26-27). Ninguém tem por mãe e senhora alguém desconhecido ou que não se parece com seus filhos e seu povo. Assim, a cultura popular e a fé devocional viu, escreveu e cunhou Maria a partir de sua realidade própria e deu à Mãe de Jesus um rosto, um nome que se identificasse diretamente com aquele povo e aquela forma de viver a fé.

Logo, sabemos que todas as "Nossas Senhoras" são a mesma pessoa, a Mãe de Jesus, Maria de Nazaré. Mas recebeu estes títulos ao longo do tempo, pois cada povo quis, como filho, ver na Mãe suas características próprias, seu jeito de ser, sua cor, sua expressão, seu modo. A fim de tê-la como companheira do caminho, a fim de vê-la como alguém que está perto, junto, na mesma estrada. Para senti-la participante das mesmas dores e alegrias, e percebê-la ali, presente, não longe lá no céu, mas aqui, no dia a dia da vida e da história, cada povo a cunhou com seu jeito próprio de ser.

Estaria isso errado? Seria um equívoco colocar em Maria características próprias? Não! Pois a fé vincula. E ao olhar para Maria como alguém próximo e igual a cada povo faz com que o sentimento de pertença a Cristo e à Igreja se torne mais efetivo. Afinal, como poderia a mãe não ter o rosto de seus filhos? Como poderia a senhora não se identificar com seu povo? Maria é a senhora de todos os povos, de todas as gentes. Senhora nossa, do povo de Deus.

4.2 Devemos rezar a Maria?

A Palavra de Deus, a Doutrina e a Tradição nos ensinaram que o único mediador entre Deus e os homens é Nosso Senhor Jesus Cristo, nome pelo qual seremos salvos. Assim nos ensina São Paulo na Primeira Carta a Timóteo:

> Com efeito, há um só Deus e um só mediador entre Deus e a humanidade: o homem Cristo Jesus, que se entregou como resgate por todos. Este foi seu testemunho dado no tempo devido (1Tm 2,5-6).

Mas precisamos entender bem estes conceitos de mediação, intercessão e oração. A mediação à qual se refere São Paulo é ligação entre Deus e o homem. A Aliança que o Senhor Deus havia feito com a humanidade foi por diversas vezes e de modos diferentes quebrada pela desobediência. Mas, chegando a plenitude dos tempos (Gl 4,4), Deus se fez homem no seio de Maria e por sua morte e ressurreição restabeleceu, pelo seu sangue, a nova e eterna Aliança. Assim, pelo mistério salvífico de Cristo, as portas do paraíso foram reabertas ao homem pecador. Pelo sangue derramado do Cordeiro de Deus, Ele se fez vítima, não mais sendo necessários os sacrifícios antigos no templo, mas a redenção pelo seu nome. Desse modo, a única mediação entre Deus e os homens pela salvação está em Jesus Cristo. Ele é o único Senhor e Salvador, o único que nos leva ao Pai. Não há outro nome pelo qual sejamos salvos, curados e libertos senão o nome de Jesus. Afinal, também assim nos ensina Paulo:

> Por isso, Deus o exaltou acima de tudo e lhe deu o nome que está acima de todo nome, para que ao Nome de Jesus todo joelho se dobre no céu, na terra e nos infernos, e toda língua confesse: "Jesus Cristo é o Senhor", para a glória de Deus Pai (Fl 2,9-11).

O que precisamos entender bem, clareando a confusão que muitos fazem sobre este tema, é que intercessão é diferente de mediação. A mediação salvífica só pode se dar em Jesus Cristo. Ele é o único e absoluto Senhor e Salvador. Não há outro e nunca haverá. Ele é o mediador entre os homens e Deus. Ele é o caminho que leva ao céu. Pelo seu sangue derramado na cruz, fomos todos remidos do pecado. O gênero humano pecador, que quebrou a graça original e a Aliança primeira com Deus, afastou-se do Senhor, pois se escondeu dele (Gn 3,9-10). Por muitos meios, pelos profetas, o Senhor Deus buscou restituir a Aliança e trazer a si o homem. Mas, a natureza humana herdeira do pecado original sempre rompia a graça. Mas chegada a plenitude dos tempos (Gl 4,4-5), Deus enviou o seu próprio Filho para resgatar de uma vez por todas a humanidade. Ele, o Cordeiro imolado, pelo mistério de sua paixão, morte e ressurreição restaurou definitivamente a aliança do homem com Deus. Isso é mediação salvífica.

Por intercessão se entende o ato de intervir, implorar, pedir, mediar, ajudar. Intercede aquele que ajuda, aquele que pede pelos outros, que auxilia alguém que necessita, que clama em nome de outrem. Que roga por outras pessoas.

Na vida cotidiana, a todo momento pedimos intercessão e recebemos ajuda. É fácil notar isso: quando você ajuda alguém, quando você está com dificuldades com uma pessoa e pede alguém para ajudar a resolver o problema, quando as professoras chamam os pais à escola por causa de dificuldades com os alunos, quando precisa de ajuda de uma pessoa que não é tão conhecida para você, mas tem um amigo que é mais próximo e pede auxílio etc. Enfim, são muitas as formas e modos de intercessão, de ajudar alguém que faz um pedido.

O tipo de intercessão mais comum que conhecemos em termos de fé é a oração de intercessão – quando uma pessoa reza por nós. Quando você pede alguém para rezar por você o que essa pessoa irá fazer é interceder, ou seja, pedir a Deus por você e pelas suas intenções. Oração de intercessão significa pedir ou intervir em favor de alguém ou de alguma situação, ou seja, rezar pelo outro.

Na Bíblia o verbo "interceder" e o substantivo "intercessão" aparecem muitas vezes. Em Hebraico, a palavra correspondente é "solicitação". Esta solicitação pode ser individual, pedido em causa própria ou pedindo pelas necessidades de outra pessoa ou, ainda, pedidos em comum como a oração de toda a Igreja, de uma comunidade, de um grupo de oração rezando pela mesma causa.

A Palavra de Deus traz muitos exemplos de intercessão. No livro do Gênesis, Abraão, o pai da fé, é apontado como alguém que tinha o dom de intercessão, que rezava e pedia pelos outros (Gn 20,7). No livro do Êxodo vemos Moisés como o grande intercessor do povo de Deus e que esteve o tempo todo fazendo a ponte entre Deus e o povo Hebreu (Ex 32,31-32). Todos os profetas, como vemos no Antigo Testamento, eram intercessores, pois proclamavam a palavra de Deus, alertavam o povo para a conversão, pediam a Deus em favor do povo e rezavam muito por todos.

Jesus, mediador salvífico, também é grande intercessor. Vemos no Novo Testamento várias vezes Ele rezando ao Pai e pedindo pelos seus. No Evangelho de João, capítulo 17, há uma grande oração de intercessão que Jesus faz pelos seus seguidores. Jesus também reza em favor de Pedro para que fosse liberto das investidas do Demônio (Lc 22,32). Na Carta de São Paulo aos Romanos escreve o autor que o próprio Espírito Santo intercede a Deus por meio de nós com orações e gemidos inexprimíveis quando não sabemos rezar e pedir como convém (Rm 3,14-21).

Vejamos mais alguns exemplos de intercessão na Bíblia:

> Eu, porém, orei por ti, para que tua fé não desfaleça. E tu, uma vez convertido, confirme os teus irmãos (Lc 22,32).

> Com toda sorte de preces e súplicas, orai constantemente no Espírito. Prestai vigilante atenção neste ponto, intercedendo por todos os santos. Orai também por mim, para que a palavra seja colocada em minha boca, de maneira que eu possa anunciar corajosamente o mistério do Evangelho, do qual, na prisão, sou embaixador. Que eu proclame corajosamente, como é meu dever (Ef 6,18-20).

> Eu, porém, vos digo: Amai os vossos inimigos e orai pelos que vos perseguem (Mt 5,44).

> O povo começou a queixar-se amargamente aos ouvidos do Senhor. Ao ouvir, o Senhor inflamou-se de ira, e o fogo do Senhor irrompeu contra eles e devorou uma extremidade do acampamento. Então, o povo clamou a Moisés, e Moisés orou ao Senhor, e o fogo apagou (Nm 11,1-2).

> Jesus dizia: "Pai, perdoa-lhes! Eles não sabem o que fazem!" (Lc 23,34).

Eu vos digo mais isto: se dois de vós, na terra, concordarem em pedir alguma coisa, isto lhes será concedido por meu Pai que está nos céus; pois onde dois ou três estiverem reunidos em meu nome, ali eu estarei, no meio deles (Mt 18,19-20).

Escrevo-te, contando com a tua obediência e sabendo que farás ainda mais do que peço. Ao mesmo tempo, prepara-me também um alojamento, pois espero que, graças às vossas orações, vos serei restituído (Fm 1,21-22).

Então o Senhor mudou a sorte de Jó, quando este intercedeu por seus amigos. Restitui-lhe todos os bens, o dobro do que tinha antes (Jó 42,10).

E apedrejavam Estêvão, enquanto ele invocava: "Senhor Jesus, acolhe o meu espírito". Dobrando os joelhos, gritou com voz forte: "Senhor, não lhes atribua este pecado". Com essas palavras, morreu (At 7,59-60).

Quando Davi viu o anjo que golpeava o povo, disse ao Senhor: "Fui eu que pequei, eu cometi a iniquidade! Mas estes, o rebanho, que fizeram? Peço-te que a tua mão se volte contra mim e contra a casa de meu pai" (2Sm 24,17).

Ao ouvir essas notícias, sentei-me a chorar. Fiquei de luto durante três dias, jejuei e rezei diante de Deus do céu. Eu falei: "Ah, Senhor, Deus do céu, Deus grande e temível, que manténs a aliança e a misericórdia para com aqueles que te amam e guardam os teus mandamentos". Que teu ouvido esteja atento, e teus olhos abertos, para escutar a oração que este teu servo hoje pronuncia diante de ti. Dia e noite fico orando em favor dos israelitas, teus servos, confessando os pecados que nós, os israelitas, cometemos contra ti (Nm 1,4-6).

Note que são muitas as passagens em que a Sagrada Escritura nos fala de intercessão. O rei Davi, a mãe do Rei, os profetas, os apóstolos, o próprio Cristo rezou pelos outros e intercedeu pelas necessidades uns dos outros.

Voltemos à cena das Bodas de Caná (Jo 2,1-11). O que ocorre ali senão uma intercessão de Maria em favor daqueles que tinham uma necessidade clara e específica: eles não têm mais vinho, disse ela (Jo 2,3). Percebendo a necessidade daquela gente, Maria parte em ajuda a eles e intervém junto a Jesus para que a necessidade urgente fosse sanada.

Se os profetas, se os reis, se os Apóstolos podiam rezar e interceder uns pelos outros, é claro que a Mãe de Jesus também pode e, na verdade, pode muito mais. Afinal, qual filho em sã consciência irá negar um pedido de sua mãe? Qual filho irá rejeitar e deixar de atender uma solicitação feita por aquela que o gerou e cuidou de todas as suas necessidades? Qual filho virará as costas para o pedido feito por uma mãe amorosa? Penso que nenhum! É justamente aqui que entendemos a intercessão de Maria. Como uma mãe amorosa ela leva a Jesus os pedidos e necessidades de todos os cristãos.

Mas precisamos aprender a diferenciar as coisas. Quando falamos em intercessão e oração não estamos nos referindo à mediação redentora. Maria intercede por nós junto ao seu Filho Jesus. Mas a mediação redentora, o perdão dos pecados, somente em Cristo recebemos.

Mas rezar a Maria é válido? Sim! Peça à Mãe que o Filho atende! Não podemos perder de vista que ninguém conhece Jesus melhor do que Maria. Nenhum dos Apóstolos conviveram tanto com Jesus como Maria. Diz a Bíblia que Jesus começou seu ministério público, ou seja, sua pregação e chamou os seus primeiros seguidores quando tinha em torno de 30 anos. O anúncio da Boa-nova e o ministério de Cristo até os eventos de sua paixão, morte e ressurreição foram em torno de 3 anos. Por isso, perceba, enquanto os Apóstolos, os discípulos e seguidores de Jesus conviveram com Ele mais ou menos 3 anos, Maria conviveu com ele por 33. Logo, quem sabe mais sobre Jesus? Quem conhece melhor os mistérios da salvação? Quem pode melhor interceder, rezar e pedir junto a Ele?

Voltemos algumas páginas em nossa reflexão e vamos nos lembrar que muito da Tradição escrita e vivida certamente foi colhido a partir das narrativas de Maria aos Apóstolos. Donde São Lucas teria pensado em tantos detalhes da anunciação? De onde teria sido a fonte dos escritos sobre a infância de Jesus no Evangelho de São Mateus? Embora haja evidências históricas de que Maria não teria escrito absolutamente nada, mas há que se pensar que, assim como Marcos ouviu de Pedro – e a Tradição oral sempre esteve muito presente –, certamente muitas coisas e certos detalhes foram ouvidos de Maria.

Assim, o povo cristão desde o início recorreu a ela como intercessora. Afinal, se nós podemos rezar uns pelos outros, se podemos impor as mãos e fazer súplicas e preces em favor dos irmãos, com certeza a Mãe de Jesus pode muito mais. Se nós podemos invocar o nome de Cristo e pedir em favor de todos, muito mais pode aquela que o carregou em seu ventre e tem com Ele uma relação de intimidade muito maior que qualquer outra pessoa possa ter.

Pedir e rezar a Maria não é negar a graça salvífica e nem confundir o lugar dela na História da Salvação. Um só é o mediador, o redentor, Nosso Senhor Jesus Cristo. Mas, uma é a grande intercessora, aquela que reza por nós e conhece nossas necessidades e pede diretamente ao Filho por cada um, a Virgem Maria, Mãe de Deus.

Se nós humanos pedimos oração uns aos outros e confiamos na intercessão de uns pelos outros, quanto mais devemos pedir e confiar nas orações da Mãe de Deus. Quanto mais devemos dar crédito aos pedidos que Maria leva até Jesus. Quanto mais serão atendidos aqueles que confiam ao patrocínio de Maria suas causas e dificuldades.

Assim, aprenda que não é inútil recorrer à intervenção de Maria, pois assim quis Deus. Ela que é Mãe de Cristo, Mãe da Igreja e nossa Mãe é por absoluto a intercessora da humanidade junto a Jesus. E quero reforçar: essa intercessão não é modismo de agora, destes tempos, mas lembre-se que já os primeiros cristãos clamavam a Maria na hora de lutas, dores e sobretudo no momento do martírio.

Há tantos pregadores por aí que se especializaram em pregar a palavra de Deus e falar das coisas do céu querendo levar as pessoas a Jesus. Para falar de Cristo é preciso passar pela escola de Nazaré, a escola de Maria. Afinal, sobre apresentar Jesus e levar as pessoas a Ele, a Mãe dele pode e sabe muito mais que qualquer outra pessoa.

4.3 As expressões de fé na piedade popular

Para um cristão católico é impossível pensar a iniciação à fé sem passar pela escola de Nazaré, a escola de Maria. Afinal, basta numa pequena roda de conversa perguntar qual foi a primeira oração ensinada pela família, qual a primeira devoção que se percebeu em casa, quais as expressões de fé que por primeiro foram transmitidas e recebidas. Há todas essas perguntas, em geral, temos por resposta as devoções marianas: novena, o mês de maio, as músicas cantadas a Nossa Senhora. As meninas vestidas de anjo na coroação, os altares dedicados à Virgem Maria, as peregrinações ao Santuário Nacional em Aparecida, a oração do Santo Terço, enfim, muitos são os exemplos para mostrar que para muitos cristãos de hoje a porta de entrada à vida de fé e ao conhecimento de Jesus Cristo foi por meio das devoções populares marianas.

No mundo inteiro o povo de Deus nutre grande devoção à Mãe de Deus. Aquelas comunidades mais carentes e remotas, nos rincões deste nosso país e do mundo, muitas delas sem a presença regular do sacerdote e sem poder celebrar a Santa Eucaristia com frequência, se reúnem e alimentam a fé por meio do terço, das novenas e das devoções, especialmente as dedicadas à Santíssima Virgem. Não perceber este dado de transmissão de fé é fechar os olhos ao óbvio. Ainda hoje, Maria continua atraindo muito mais gente a Jesus do que qualquer uma de nossas pregações, encontros ou esforços pastorais. Faça a experiência: em muitas de nossas paróquias e comunidades conseguimos reunir grande número de pessoas para as festividades do mês de maio, para as procissões e para o Terço, mas se convidamos para uma formação, um encontro sobre um tema determinado, não conseguimos reunir tanta gente quanto para os momentos de devoção mariana.

A pessoa de Maria está na mente e no coração do povo religioso. Desde criança, na primeira catequese, somos levados nos braços à Igreja e alguém nos aponta para a "Mamãe do Céu". Nos momentos de maior desespero – já vi pessoa até não crente, mas na iminência de um acidente gritar por Maria – fomos ensinados a clamar: Nossa Senhora! Fique mais atento às conversas do dia a dia e note que enquanto conversamos com alguém diversos assuntos quantas vezes você mesmo ou aquela pessoa recorre a Nossa Senhora. Parece que a todo tempo em nossos lábios está este chamado à Mãe e no meio de uma história, de um relato sobre o dia, na hora de falar de um problema, num momento de falta de paciência, em tudo, absolutamente tudo, costumamos clamar: Nossa Senhora!

Mas, engana-se quem pensa que a devoção popular mariana faz mal. Pelo contrário, ela sempre leva à pessoa de Jesus Cristo. Posso dizer por experiência própria: como padre, pároco, sempre tenho o costume de visitar as pessoas, os doentes e estar com as famílias. Em todas as casas que eu entro há uma imagem de Nossa Senhora, mas ela nunca está sozinha, logo ali, bem do lado, há um crucifixo, uma estampa de Jesus Misericordioso, uma imagem do Menino Jesus de Praga, um quadro da Santa Ceia, enfim, sempre ao lado de Maria está Jesus. Nós não podemos pensar que o povo de Deus é inocente ou imaturo em questões de fé. Não podemos correr o risco de achar que alguns já estão muito mais maduros que os outros e que toda essa história de devoção mariana é bobagem, inocência. Ora, tire Maria da vida da Igreja, exclua Maria da devoção dos católicos, remova toda forma de piedade popular e veremos uma fé manca, senão acabada!

Foi por meio de Maria que Deus veio a este mundo e continua sendo por meio dela que o homem tem se encontrado verdadeiramente com Deus. Ninguém sabe mais sobre levar a Jesus do que Maria.

O mistério cristológico está intimamente ligado e mergulhado no mariológico e vice-versa. Toda devoção está enraizada no Cristo mesmo que por aparência mariana. Vejamos algumas:

1) O Santo Rosário: embora sobre o pano de fundo da Ave-Maria – palavras que o Anjo Gabriel, em nome de Deus, falou a Maria e que o povo de fé transformou em oração –, medita-se os mistérios da paixão, morte e ressurreição de Jesus. Não há dúvidas de que Jesus Cristo é o centro da oração do rosário;

2) Os Ofícios: constituem uma verdadeira catequese orante na qual além de cantar os louvores apreende-se o conteúdo dogmático e histórico daquela manifestação de Deus;

3) As ladainhas: reforçam a fé do povo de Deus unindo os títulos e devoções populares à tradição teológica intimamente ligada a Cristo e à Igreja;

4) As procissões: as formas de memorial da caminhada do povo de Deus rumo à Terra Prometida, o caminho da vida rumo ao céu;

5) As novenas: são meios espirituais de se confiar a Deus por intercessão de Maria. A continuidade dos dias mostra a perseverança e confiança de quem reza ao colocar suas necessidades nas mãos de Jesus pela intervenção da Virgem Santíssima;

6) O mês de maio: já de antiga tradição chamado o mês de Maria. Dentro destes dias se apresentam as maiores formas de devoção como a coroação, as quermesses, os terços e ladainhas, as novenas e procissões etc.

7) O Reinado ou congado: as festas de devoção a Nossa Senhora que popularmente e culturalmente se canta e dança em honra e louvor à Virgem Maria, Senhora do Rosário ou sob outro título;

Enfim, são muitas as formas e modos da devoção popular mariana, nos quatro cantos do Brasil e no mundo; cada povo, cada cultura, cada língua têm sua forma de expressar sua fé e devoção à Senhora Mãe de Deus.

Há ainda que se falar dos muitos movimentos surgidos da devoção a Maria, além de Congregações religiosas e Institutos de Vida Consagrada que têm por espiritualidade o seguimento de Jesus por meio do exemplo salutar de Maria. Sem ser exaustivo, listamos alguns: o Movimento das Filhas de Maria; o Terço dos Homens; o Terço das Mulheres; as Mães que oram pelos filhos; a Legião de Maria; a Geração da Imaculada; os Consagrados pelo método de São Luís Maria Grignion de Montfort; o Movimento Sacerdotal Mariano; o Movimento do Santo Rosário; o Cenáculo com Maria etc.

Não se pode esquecer das romarias. Embora a palavra "romaria" signifique desde os primeiros tempos "ida a Roma", lugar onde está o trono de Pedro e o centro referencial da fé, para muitos, popularmente, esta palavra é sinônimo de peregrinação mariana. Afinal, na fé popular a palavra faz direta referência a Nossa Senhora: Ro + Maria = Romaria! Embora muito rasa a explicação e sem fundamento teológico, há que se considerar o poder da fé manifestada nas romarias mundo afora em todos os grandes santuários marianos e lugares de devoção a Nossa Senhora.

Todas essas formas de devoção reconhecidas pela Igreja manifestam o seguimento e opção fundamental por Jesus Cristo por meio de Maria. A palavra devoção significa devotar, oferecer, fazer valer, reverência. É o mesmo que dedicação. Devotamos, dedicamos nosso amor e atenção a Maria pelos feitos de Deus em sua vida.

Vivendo a fé: todas as Nossas Senhoras

É de suma importância entender a pessoa de Maria: ela é uma única e só pessoa, mas com características e nomes que lhe são dados conforme a expressão de fé de cada povo. Não existe mais de uma "nossa senhora", mas estes títulos falam de atributos da mesma Mãe de Deus. Por isso, neste encontro, é importante catequizar com atenção e fazer compreender esta realidade de fé.

Neste sentido, é bom ler e reler o capítulo. Caso não tenha entendido, pergunte para alguém que talvez possa explicar com outras palavras. Mas aprenda e leve este conhecimento às pessoas. Afinal, a fé católica é muito incompreendida neste aspecto, por falta de uma catequese adequada.

Para este momento deve-se preparar:

1. Bíblia – uma para cada participante;

2. Convidar cada participante a selecionar uma imagem, foto de Nossa Senhora por quem tem mais devoção;

3. Selecionar as músicas:

4. Preparar as músicas:

   a) **Todas as Nossas Senhoras** (Roberto Carlos). Disponível em: https://www.youtube.com/watch?v=OHqAEjacR1s&ab_channel=EduardodeCastro; e dos Cantores de Deus

   b) **O povo te chama de Nossa Senhora** (Pe. Zezinho). Disponível em: https://www.youtube.com/watch?v=ckT3yIC9jRg&ab_channel=IsaVieiraSantos

   c) **Santa Maria da Graça.** Disponível em: https://www.youtube.com/watch?v=Z--BgJ9drgY&ab_channel=CantandoaF%C3%A9

5. Desenvolvimento:

   • Prepare as passagens bíblicas que deverão ser lidas para falar de mediação e intercessão (você poderá escolher dentre as que foram citadas. Volte algumas páginas e veja a que melhor se enquadra em sua realidade).

- No início, após acolhida e oração inicial, deve-se convidar cada pessoa a dizer um pouco (deve-se controlar o tempo) sobre sua devoção e sua família sob aquele título específico de Maria. Após, fazer uma breve explicação sobre os nomes, títulos e formas de devoção e concluir com a música do Roberto Carlos: *Todas as Nossas Senhoras*.

- Em seguida, explorar o tema da intercessão e mediação. Com a Bíblia na mão e com firmeza nos conceitos deve-se explicar a diferença de cada: Mediação Redentora e Intercessão (leia novamente o capítulo ou consulte o pequeno glossário). Estes conceitos devem ficar muito claros. Abrir ao diálogo e perguntas. Ouvir a música do Pe. Zezinho e Cantores de Deus: *Santa Maria da graça*.

- Por fim, falar sobre por que Maria sempre foi e deve ser chamada de Nossa Senhora. Aqui, já um conceito simples que exige tanto, por isso deixado para o final do encontro. Busque exemplos da vida em que por respeito nos referimos à pessoa por pronomes que demonstram reverência. Terminar com a música do Pe. Zezinho e Cantores de Deus: *O povo te chama de Nossa Senhora*.

- Encerrar o encontro com oração, conforme o costume.

5
Maria, modelo de discipulado

Desde as mais antigas tradições Maria é lembrada como a primeira cristã. E, de fato, ela o é, pois foi a primeira a seguir seu próprio Filho. Não por acaso ela é chamada de Mãe dos seguidores de Cristo, pois sendo ela a primeira a desbravar o caminho, tem muito a orientar os que desejam ser discípulos do Senhor.

5.1 A iniciação cristã por meio de Maria

Há décadas tem retornado entre os evangelizadores a preocupação com a iniciação cristã. E o que é isso? Trata-se do processo de transmissão da fé, do encantamento por Jesus Cristo e sua mensagem. Em outras palavras, é o anúncio do querigma, da Boa-nova de Jesus. Assim como os primeiros seguidores, falar ao mundo sobre esta Boa Notícia e fazer-se encantar pelo mistério da salvação.

Os Papas já há bastante tempo têm retomado este tema e pedido empenho dos bispos, padres, catequistas e evangelizadores no processo de transmissão da fé. Note que não se refere a simplesmente transmitir um conteúdo intelectual ou um conjunto de regras, doutrinas e mandamentos a serem observados, nada disso! Transmitir a fé é apresentar uma pessoa: Jesus Cristo, e com Ele crescer na intimidade e amizade. Não podemos esquecer isso jamais: Deus não é uma força do universo, um cosmos, a natureza, a energia, os cristais, pensamento positivo, não! Deus é uma pessoa que se revela em plenitude em Jesus Cristo. Pessoa com rosto, nome, identidade e que se abre ao relacionamento conosco. Este é o nosso Deus!

Sabemos que o centro de nossa fé e o ápice da História Soteriológica está em Jesus Cristo. E sua Boa-Nova deve ser anunciada e transmitida. Mas, não existe uma única forma de transmissão, de pregação, de catequese. Não há um único jeito que seja capaz de ser útil para todos. Lembremos de São Paulo quando em Atenas, sendo apresentado aos deuses gregos, e chegando diante do altar do "deus desconhecido", aproveita aquela oportunidade para falar-lhes de Jesus. Tome sua Bíblia e leia At 17,22-23.

Para nós católicos há uma identificação cristã muito pura desde a infância por meio de Maria. O mês de maio nas paróquias e comunidades rurais, as coroações, as meninas vestidas de anjo, as belas cantigas, a oração do terço, as devoções marianas, enfim, assim como no tempo dos apóstolos, Maria continua a ser a porta de entrada para o conhecimento de Jesus, o caminho seguro para a iniciação cristã, o modelo perfeito de transmissão da fé.

De modo afetivo a figura de Maria fala e representa muito ao mundo cristão católico, pois por meio dela é que Deus se deu a conhecer em plenitude e, também por meio dela, ainda hoje, muitos vivem a primeira experiência de fé. Tentar desprezar a pessoa de Maria no processo de iniciação cristã é renegar a própria História da Salvação, pois Deus desde o primeiro momento quis Maria como partícipe de seus mistérios.

Se entendemos que a iniciação cristã é o primeiro anúncio, a apresentação, a pregação querigmática a exemplo de Pedro após o evento de Pentecostes em At 3,11-25, logo compreendemos que ninguém como Maria para falar de seu filho e anunciá-lo. A exemplo do que ela fez a Isabel, quando ainda grávida, quando foi apresentar Jesus ao templo e em Caná ao perceber que precisavam do Vinho Novo que é o próprio Jesus. Não por acaso o povo católico tem nos lábios a canção: se podemos orar uns pelos outros, a Mãe de Jesus pode mais!

Os documentos da Igreja reconhecem o lugar indispensável de Maria na iniciação cristã, pois trata-se de um dado estatístico claro que grande parte do povo de Deus tem sua primeira experiência de fé, e contato com o sagrado, por meio da devoção mariana que lhe é transmitida por primeiro pelos pais, avós e pela comunidade onde vivem.

O Documento 107 da Conferência Nacional dos Bispos do Brasil (CNBB) que trata sobre a Iniciação à Vida Cristã tem lugar especial reservado a Maria. Vejamos:

> Uma Igreja mistagógica e materna volta seu olhar para Maria, a "Mãe do Evangelho vivente" e da Igreja, para aprender dela como ser próxima, carinhosa, solícita e presente em todas as ocasiões. Mãe por excelência e sumamente amada pelo povo brasileiro. Maria é aquela que lança luz definitiva sobre o processo de Iniciação à Vida Cristã que propormos, pois "durante muitos anos permaneceu na intimidade com o mistério do seu Filho, e avançou no seu itinerário de fé" (CNBB, n. 113).

E, ainda mais:

> Em uma Igreja mistagógica e materna, inspiramo-nos no "estilo mariano" evangelizador. "Estilo" feito de força e ternura, de justiça e amor, de sensibilidade, que descobre os mínimos sinais do Evangelho, assim como dos grandes acontecimentos. Maria é "modelo eclesial para a evangelização [...] para que a Igreja se torne uma casa para muitos, uma mãe para todos os povos, e torne possível o nascimento de um mundo novo" e de pessoas novas (CNBB, n. 114).

A importância de Maria no mistério da encarnação do Verbo de Deus e na História da Salvação faz com que ela, primeira cristã, seja o modelo perfeito não só do seguimento de Cristo, mas também de anúncio. Catequizar, anunciar Jesus pelo jeito de Maria, é isso que os Bispos estão orientando e indicando um caminho seguro para falar de Jesus por meio daquela que mais sabe sobre Ele.

Aos evangelizadores é necessária a perspicácia para falar de Deus num mundo em que a perda e a crise de fé estão latentes. Num cenário em que cada dia mais pessoas se declaram sem religião ou indiferentes a qualquer prática religiosa, num tempo em que o evangelho, embora sendo o mesmo, mudou o tempo, o espaço e os interlocutores. Anunciar o Cristo neste lapso temporal e espacial requer do catequista atual uma disposição de alma, coração e dedicação para apresentar não somente o conteúdo, mas um testemunho de fé.

Urge deixar de lado certas máximas inverídicas ouvidas e repetidas por anos que colocam o povo cristão católico como que um rebanho sem pastor, sem discernimento ou inteligência, pessoas imaturas e inocentes em termos de fé, incapazes de distinguir o papel de Maria na História da Salvação e diferenciar dela e nela o mistério redentor. Perguntas e acusações que de tão retóricas se tornam chatas e inoportunas, como: católico adora imagem, para católico Maria é deusa, os católicos rezam mais a Maria do que a Jesus. Enfim, frases e perguntas desta natureza que revelam dos lábios de quem as pronuncia que não entendeu nada da fé cristã e dos mistérios de Deus. Ora, todos os católicos sabem muito bem quem é Maria e o lugar dela. Ninguém confunde a Mãe de Jesus como sendo uma deusa ou algo do tipo, nada disso! Para todo o povo a fé e a devoção mariana é algo solidificado e esclarecido. É bem provável que uma pessoa simples, sem conhecimento teológico, seja capaz de oferecer uma excelente catequese sobre Maria, mais que muitos estudados e "maduros" na fé por aí! Atenção, evangelizadores: é hora de parar de subestimar a inteligência e a compreensão da fé do povo. Note que todo aquele que recebeu a transmissão da fé por meio de Maria chegou até Jesus. Nunca se para em Maria, mas a todo tempo a Mãe está a apontar o Filho e, por sua vez, o Filho apresenta sua Mãe.

No processo de anúncio de Jesus Cristo é impossível não apresentar Maria, pois como falar dele sem se referir àquela que lhe deu rosto, identidade, forma, que participou diretamente do mistério da encarnação e foi intimamente partícipe da ação do verdadeiro Deus que se fez verdadeiro homem, conforme professamos no Credo.

Consultando novamente dados concretos, sobretudo nos interiores do Brasil e mundo afora, é fácil perceber que Maria é para muitos a primeira experiência religiosa que têm por meio das devoções populares. As pessoas de Maria e Jesus são apresentadas em conformidade e concomitantemente. Mas, desde sempre, o povo cristão sabe distinguir a Mãe do Filho: Ele verdadeiro Deus e verdadeiro Homem. Ela, mulher, criatura humana totalmente disponível e entregue ao projeto de salvação e, por isso, é o modelo perfeito do "sim" a Deus e a conformidade plena com a vontade do Pai e o mistério soteriológico.

Maria é a porta de entrada à fé para muitas pessoas e comunidades. Mas quando chegam de modo mais pleno ao Cristo por meio dos sacramentos, da doutrina, dos ensinamentos profundos da Tradição e das Escrituras, não abandonam aquela entrada primeva, não se esquecem da presença maternal e terna de Maria, não deixam de lado os primeiros passos na fé que deram por meio de sua companhia e cuidado de mãe; aprofundam em seu conhecimento e colocam cada qual em seu devido lugar, distinto, diferente, mas igualmente importante para o projeto de Deus.

Assim, há que se valorizar e buscar trabalhar ainda melhor este jeito de catequisar por meio de Maria. Às vezes, é perceptível que alguns catequistas e evangelizadores desejam andar na contramão da fé do povo. Porque já leram alguns livros, participaram de alguns encontros de formação e retiros, pensam que precisam "purificar a fé" e desejam começar de outro ponto renegando a experiência e a vivência da própria comunidade. Ora, seria uma incongruência deixar de lado o que por anos foi construído ali. Seria um desperdício de potencial não começar o processo catequético utilizando a experiência de fé que aquele determinado lugar e povo já construiu, e assim viveu e vive. Note que não se trata de deixar de ensinar, amadurecer, apresentar novos elementos, não é isso! Mas, sim, de começar por aquilo que já se tem, iniciar pelo discurso que já compreendem, falar do lugar em que se sintam participantes.

Analise você mesmo com seriedade: alguém já teria deixado de amar Jesus por causa de Maria? Em sua experiência de evangelizador, já percebeu alguém que dizia que Maria é deusa ou mais importante que Jesus ou algo assim? Pense com sinceridade, você já conheceu alguém que amando Maria parou nela mesma e nunca nem quis ouvir falar de Jesus Cristo? Ora! Penso que não existe. Maria é a porta de entrada para o conhecimento de Jesus, ela é a mestra da evangelização e a promotora por primeiro da iniciação cristã.

Desse modo, por tudo que aqui foi falado e nas reflexões que você pessoalmente fez, há que se compreender e ressaltar a presença de Maria como caminho primeiro da experiência de fé e de iniciação aos mistérios de Cristo. Em Maria vamos a Jesus, por Maria se conhece o Cristo, na escola de Maria se aprende sobre o Senhor.

Portanto, olhando para dados estatísticos e a experiência de fé do povo de Deus, é muito difícil pensar a iniciação cristã não partindo das devoções populares marianas. De fato, Maria continua fazendo ao longo do tempo e da história o que sempre fez: trazer Jesus às pessoas, anunciar o mistério de seu Filho e apontar o verdadeiro caminho de salvação, ora ensinando a nos conformarmos com o projeto de Deus – eis aqui a serva do Senhor, faça-se em mim (Lc 1,38), ora indicando a quem devemos seguir – fazei tudo o que Ele vos disser (Jo 2,5).

5.2 Na escola de Maria se encontra Jesus

"Peça à Mãe que o Filho atende" – essa breve jaculatória popular está sempre presente nos lábios das pessoas de fé que buscam intimidade com Jesus por meio de Maria. Ela, como toda boa mãe, é mestra em dar bons ensinamentos, bons conselhos e especialmente em falar de seu Filho e levar a Ele outras pessoas.

As devoções populares marianas são como que uma grande escola, uma catequese popular, que é capaz de encantar pessoas e abri-las aos mistérios da fé. Quem conhece Jesus por meio de Maria muito raramente irá abandonar a fé, pois iniciou a experiência de Deus pelos afetos maternais os quais são capazes de marcar a história pessoal e nunca serão esquecidos.

A oração da Ave-Maria costuma ser a primeira a ser ensinada ainda no colo materno, talvez antes mesmo do Pai-Nosso. Errado? Não! Afinal, as palavras da Ave-Maria são bíblicas, pronunciadas pelo próprio Anjo

Gabriel e traduzem o mistério da encarnação do Verbo de Deus. E mais, na Ave-Maria nos referimos diretamente a Jesus, a Deus e ao mistério da salvação. Pare um instante. Reze uma Ave-Maria e preste muita, muita atenção nas palavras e frases que você está pronunciando e no significado de cada uma delas.

Assim como a mãe ensina às crianças as coisas mais básicas da vida, como andar, comer, falar – lembremos da clássica canção do Pe. Zezinho: Maria que fez o Cristo falar, Maria que fez Jesus caminhar, Maria que só viveu para seu Deus, Maria do povo meu – e, depois, mais crescidos, as lições da escola e as tarefas de casa. Desse mesmo modo, Maria se apresenta como pedagoga, ou seja, essa que ensina a caminhar pelos caminhos da vida e da fé nos passos de Jesus Cristo.

Há anos a Tradição da Igreja assim reconhece e ensina. Basta verificar que nos documentos mais antigos chegando até os mais recentes sempre se compreendeu Maria como modelo perfeito de seguimento de Cristo e como pedagoga, professora, alguém capaz de instruir e introduzir nos mistérios da salvação. Numa séria pesquisa bibliográfica é possível notar o amadurecimento na compreensão e o modo que Maria sempre esteve ligada à iniciação à vida cristã.

O Documento de Aparecida em seu primeiro parágrafo invoca Maria como mãe e pedagoga da fé. Vejamos:

> [...] Maria, Mãe de Jesus Cristo e de seus discípulos, tem estado muito perto de nós; tem nos acolhido, tem cuidado de nós e de nossos trabalhos, amparando-nos, como a João Diego[1] e a nossos povos, na dobra de seu manto, sob sua maternal proteção. Temos pedido a ela, como mãe, perfeita discípula e pedagoga da evangelização, que nos ensine a ser filhos em seu Filho e a fazer o que Ele nos disser (cf. Jo 2,5) (DAp, n. 1).

Em tudo o que se refere a Maria, logo vemos Jesus. Uma das formas mais comuns de devoção popular – como a coroação, o mês de maio, as

---

1. João Diego. Do espanhol: Juan Diego – a quem a Virgem Maria apareceu no México e recebeu o título de Nossa Senhora de Guadalupe, padroeira da América Latina.

procissões e outras formas de louvor a Maria, que está no centro, é a oração do Santo Rosário. Embora não sendo uma oração litúrgica, ocupa lugar especial junto ao povo de Deus sendo recomendada por muitos santos, papas e doutores da Igreja.

Não se trata de uma oração repetitiva como dizem alguns, mas de uma oração de síntese, de aprofundamento, de meditação. Afinal, para se compreender bem algo, para se aprofundar no conhecimento de alguma coisa é necessário parar e refletir mais de uma vez, repetir o estudo, voltar uma terceira, quarta ou quinta vez. Do mesmo modo são os mistérios de Deus.

Note que a estrutura do Santo Rosário é pedagógica, como Maria: são vinte mistérios de fé, dos quais todos têm como centro Jesus Cristo. Em cada mistério medita-se sobre um fato, um acontecimento da História da Salvação. Tendo como pano de fundo – música de fundo – a oração da Ave-Maria, palavras essas pronunciadas pelo Anjo Gabriel por mandato de Deus e que inaugura o novo tempo salvífico, a plenitude da revelação. Encabeçando cada mistério a oração do Pai-nosso, essa que o próprio Cristo ensinou e que sintetiza a vivência cristã e o caminho rumo ao céu. Em cada Ave-Maria, aquele que reza é transportado para dentro do mistério e lá vive a cena, o fato, que se narra. O Rosário é um modo de meditação e aprofundamento nos grandes fatos e mistérios da fé e produz abundantes frutos de graças e bênçãos e, além de tudo, uma profunda experiência de Deus.

Note como o Santo Rosário é uma catequese perfeita, sintética e profunda dos mistérios da vida e da fé, além de estar totalmente fundamentado na Sagrada Tradição e na Sagrada Escritura:

Iniciamos com os chamados Mistérios Gozosos:

1) O anúncio do Anjo Gabriel à Virgem Maria (Lc 1,26-38);

2) A visita de Maria a sua prima Isabel (Lc 1,39-56);

3) O nascimento de Jesus na gruta de Belém (Lc 2,6-20);

4) A apresentação do Menino Jesus no templo (Lc 2,22-39);

5) A perda e o reencontro de Jesus (Lc 2,41-51).

Note como os Mistérios Gozosos realizam uma catequese introdutória, uma verdadeira iniciação às coisas da fé, à pessoa de Jesus e de Maria. Também neles, vemos a alegria de viver, o início da vida, a esperança que não cessa, o desejo de novos tempos e vida nova que todo ser humano, mesmo nas piores situações de degradação, alimenta e espera dentro de si. Vida e fé são faces da mesma realidade, a esperança humana encontra seu fundamento nas alegrias do céu. Assim, os Mistérios Gozosos.

Mas, a pedagogia de Maria nos leva mais adiante, aos Mistérios Luminosos:

1) O batismo de Jesus (Mt 3,11-17);

2) A revelação de Jesus nas Bodas de Caná (Jo 2,1-12);

3) O anúncio do Reino de Deus e a conversão (Mc 1,14-15);

4) A transfiguração do Senhor (Mt 17,1-8);

5) A instituição da Santíssima Eucaristia (Mt 26,26-28).

Nos Mistérios Luminosos somos levados à pregação de Jesus. Encontramos o Cristo que vive, caminha, prega, ensina, cura e liberta o seu povo. Jesus está em pleno exercício de seu ministério, realizando em tudo o projeto de salvação. E tem o seu ápice nestes Mistérios sua total entrega, oferecendo-se como alimento na Eucaristia. Assim como na fé é a vida. Trabalhamos, realizamos nosso ministério na vida cotidiana buscando ser sal da terra e luz do mundo, algumas vezes mais animados, outras menos, mas sempre em busca da transfiguração plena como cristãos, imitadores do Cristo.

E não para por aí. De mãos dadas com Maria entramos no âmago da pregação querigmática: a paixão, morte e ressurreição do Senhor por meio dos Mistérios Dolorosos:

1) A agonia de Jesus no Horto das Oliveiras (Mt 26,36-46);

2) A flagelação de Jesus (Mt 27,26);

3) A coroação de espinhos (Mt 27,29-30);

4) Jesus carregando a cruz rumo ao calvário (Lc 23,26-32);

5) A crucifixão e morte de Jesus (Lc 23,33-46).

O mistério da salvação se cumpre na imolação do Cordeiro de Deus. O Verbo se fez carne e habitou no meio de nós, e por nós e pela nossa salvação se deu inteiramente pela morte de cruz. Na vida também encontramos sofrimentos. Por isso, os Mistérios Dolorosos significam tanto para nós. O ser humano, carente, sozinho, sofrido, vê-se na cena da Via-sacra, identifica-se com Maria sofredora – a Senhora das Dores – e com o Cristo chagado, sofrido, machucado. As dores da existência humana encontram refúgio nas dores de Jesus e Maria.

Mas, como toda boa mãe, Maria não para no sofrimento. Ela nos aponta uma grande esperança, a plenitude total na ressurreição. Vejamos os Mistérios Gloriosos:

1) A ressurreição de Jesus (Mt 28,1-10);

2) A ascensão do Senhor (Mc 16,19-20);

3) A vinda do Espírito Santo em Pentecostes (At 2,1-41);

4) A assunção de Maria ao céu (Ap 12,1);

5) A coroação de Maria como rainha do céu, da terra e de toda criação (Ap 12,1).

Após o sofrimento, Maria nos apresenta a glória do céu. Ela nos leva a Jesus ressuscitado, Deus e Senhor de todas as coisas. Diante de quem todo joelho se dobra no céu, na terra e nos infernos. Na vida também é assim: passamos por momentos de dor, sofrimento, provação, mas com fé em Deus e a intercessão de Maria chegamos às alegrias da vitória, quando tudo passa.

Perceba, na escola de Maria se encontra Jesus. Em todo o Santo Rosário se medita os mistérios de Cristo. Maria como pedagoga, verdadeira catequista, nos toma pela mão e nos introduz e aprofunda no conhecimento de seu Filho. Talvez o Santo Rosário, se bem trabalhado, seja uma das melhores formas de iniciação à fé e à vida cristã.

5.3 Como Maria, e com ela, somos Igreja: discípulos e missionários de Jesus Cristo

O Documento de Aparecida destaca a piedade popular como lugar de encontro com Jesus Cristo:

> A piedade popular penetra delicadamente a existência pessoal de cada fiel e, ainda que se viva em uma multidão, não é uma "espiritualidade de massas". Nos diferentes momentos da luta cotidiana, muitos recorrem a algum pequeno sinal do amor de Deus: um crucifixo, um rosário, uma vela que se acende para acompanhar um filho em sua enfermidade, um Pai-nosso recitado entre lágrimas, um olhar entranhável a uma imagem querida de Maria, um sorriso dirigido ao Céu em meio a uma alegria singela (DAp, 261).

As devoções são formas de expressão da fé e por meio delas se chega ao conhecimento da Verdade. De tantos modos a piedade popular forma os cristãos, difunde a fé e fundamenta a vivência religiosa. Se ousarmos tirar as devoções mais puras do povo de Deus o processo catequético de transmissão da fé restará seriamente comprometido, pois é justamente por meio destas práticas de piedade que se tem o primeiro contato com o Sagrado, a primeira catequese, o primevo chamado ao seguimento de Cristo como membro de sua Igreja.

A Constituição Dogmática *Lumen Gentium* do Concílio Vaticano II em seu capítulo VIII dedica-se inteiramente à pessoa de Maria. Quiseram os Padres Conciliares reforçar o que a Sagrada Tradição sempre lembrou: Maria é Mãe da Igreja e modelo perfeito de seguimento de Jesus Cristo. Não por acaso a Constituição Dogmática referida no capítulo VIII busca como chave de leitura ao Mistério da Salvação a pessoa de Maria. Ou seja, por ela e nela todos encontram o caminho seguro de perfeição cristã e o desejo de assemelhar-se a Jesus.

O trajeto de fé de Maria, que vai desde a anunciação do Anjo Gabriel até sua pertença e permanência na Igreja nascente junto aos Apóstolos, demonstra que o caminho que deve ser seguido por aqueles que desejam ser de Jesus não é outro senão pertencer ao Corpo Místico de Cristo, que é a sua Igreja. Como boa Mãe, Maria quis sempre estar perto de seu filho, em Belém e na cruz, e depois da ressurreição também ela quis continuar junto a Ele. E como se deu isso? Na Igreja como sacramento universal de salvação e na presença real de Jesus no Santíssimo Sacramento. Maria não se afastou dos Apóstolos, pois sabia que o meio fecundo de continuar em comunhão com seu Filho, de ter a presença dele de modo real, era sendo fiel à comunidade de fé, ao vínculo dos Apóstolos, à Igreja que Ele fundou.

Maria sempre foi chamada como Mãe da Igreja, pois sendo a Igreja o Corpo Místico de Cristo, também ela é a Mãe deste corpo do qual Cristo é a cabeça. E não somente Mãe, mas também a ela os grandes teólogos e doutores se referem como o primeiro membro da Igreja, aquela na qual se encontra a primazia do Mistério Salvífico, a primeira a experimentar a glória do Céu e ser assumida em corpo e alma pela Trindade.

Como protótipo de fé, a Igreja ensina e repete que em Maria se contempla toda a história da humanidade fiel a Deus, reunida como novo povo pelo mistério da Igreja.

Assim afirma a *Lumen Gentium*:

> A bem-aventurada Virgem encontra-se também intimamente unida à Igreja, pelo dom e cargo da maternidade divina, que a une com seu Filho redentor, e ainda pelas suas graças e prerrogativas singulares; a Mãe de Deus é a figura da Igreja, como já ensinava Santo Ambrósio, quer dizer, na ordem da fé, da caridade e da perfeita união com Cristo. De fato, no mistério da Igreja, a qual também se chama com razão virgem e mãe, à bem-aventurada Virgem Maria pertence o primeiro lugar, por ser, de modo eminente e singular, exemplo de virgem e de mãe. Pois, pela sua fé e obediência, gerou na terra o próprio Filho de Deus Pai: sem conhecer varão, mas pelo poder do Espírito Santo, com fé não alterada por nenhuma dúvida, acreditando, qual nova Eva, não na antiga serpente, mas no mensageiro divino. Deu à luz o Filho, a quem Deus constituiu primogênito entre muitos irmãos (cf. Rm 8,29); isto é, entre os fiéis em cuja geração e formação ela coopera com amor de mãe (LG, 63).

A pessoa de Maria e a figura da Igreja se confundem como sinais perfeitos a apontar para o Cristo. Maria, virgem e imaculada, assim como a Igreja – embora seus membros estejam ainda em busca da santidade – são sinais perenes que atravessam os séculos e os espaços geográficos no anúncio da Boa Notícia: Jesus Cristo está vivo e Ele é o Senhor!

No processo de transmissão da fé, Maria e a Igreja como mães amorosas ensinam, catequizam, corrigem e instruem os seus filhos no caminho em busca da perfeita configuração a Nosso Senhor. Assim, em Maria a Igreja se realiza plenamente e vice-versa, na Igreja – Maria Mãe e modelo – cumpre sua função maternal de continuar a gerar e trazer o Cristo e seus Mistérios Salvíficos a toda a humanidade. Se Maria por uma só vez trouxe o Verbo de Deus ao mundo pelo mistério da encarnação, a Igreja continua e perpetua este mistério trazendo o Cristo ao mundo diariamente pelo mistério da Eucaristia.

Assim e por isso, o povo cristão reza sempre: Tudo por Jesus e nada sem Maria. Ou seja, a Jesus por Maria – *Ad Iesum per Mariam*, em outras palavras. Maria está tão intimamente ligada ao mistério da Igreja que com ela se funde e se confunde, como conhecemos a máxima teológica: o que se diz de Maria se diz da Igreja. Mãe e membro, catequista e anunciadora, primeira cristã e primeira a pertencer ao novo povo de Deus. Ela é aquela que aponta, mas que também segue. Maria é a mulher que ouve, mas que também ensina a obedecer. Enfim, no mistério da Igreja, santa e imaculada, vemos a perfeição de seu primeiro membro – Maria – igualmente pura e imaculada.

Para ressaltar este mistério que deve ser aprendido na escola de Nazaré, a Igreja celebra Cristo pelos feitos de Deus em Maria. Tantas são as solenidades, festas, memórias e memórias facultativas dedicadas a Maria em vários de seus títulos ao longo do Ano Litúrgico. A Igreja celebra Cristo em Maria e apresenta Maria como caminho àqueles que desejam chegar verdadeiramente a Cristo.

Desde as resoluções dogmáticas e as expressões populares, a liturgia da Igreja abarcou em seu calendário para dar ao povo cristão esperança e certeza de que tudo o que um dia ocorreu com Maria – serva fiel – também acontecerá com os membros da Igreja que permanecerem fiéis até o fim. Por isso, ao longo do ano, celebra-se:

- Em primeiro de janeiro celebra-se a solenidade de Santa Maria, Mãe de Deus – dando início ao novo ano civil;
- Em dois de fevereiro celebra-se a festa da apresentação do Senhor;
- Em onze de fevereiro celebra-se a memória facultativa a Nossa Senhora de Lourdes;
- Em vinte e cinco de março, a solenidade da Anunciação do Senhor;
- Em treze de maio celebra-se a memória facultativa a Nossa Senhora de Fátima;
- Em trinta e um de maio, a festa da visitação de Maria sob o título de Nossa Senhora do Bom Despacho;
- Em dez de junho celebra-se a memória da Bem-aventurada Virgem Maria, Mãe da Igreja;
- Após o segundo domingo depois de Pentecostes, no sábado, se celebra a memória do Imaculado Coração de Maria;
- Em dezesseis de julho celebra-se a memória a Nossa Senhora do Carmo;
- Em vinte e seis de julho, a memória de São Joaquim e Sant'Ana, pais de Nossa Senhora;
- Em cinco de agosto, a memória facultativa da dedicação da Basílica de Santa Maria Maior, em Roma;
- Em quinze de agosto celebra-se a solenidade da Assunção de Nossa Senhora – no Brasil, sempre se celebra no domingo seguinte quando o dia quinze não cai em domingo;
- Em vinte e dois de agosto celebra-se a festa de Nossa Senhora Rainha do céu, da terra e de toda criação;
- Em quinze de setembro celebra-se a memória de Nossa Senhora das Dores;

- Em sete de outubro, a memória de Nossa Senhora do Rosário;
- Em doze de outubro, a solenidade a Nossa Senhora da Conceição Aparecida, Rainha e Padroeira do Brasil;
- Em vinte e um de novembro, a memória da apresentação de Nossa Senhora;
- Em oito de dezembro, a solenidade à Imaculada Conceição de Maria;
- Em doze de dezembro, a festa a Nossa Senhora de Guadalupe, padroeira da América Latina;
- No dia vinte e cinco de dezembro celebra-se a solenidade do Natal do Senhor;
- No domingo da oitava do Natal ou no dia trinta de dezembro celebra-se a festa da Sagrada Família de Nazaré.

Veja que ao longo do Ano Litúrgico a Igreja reza, conserva e perpetua o Mistério Redentor de Cristo e os feitos de Deus por meio de Maria. Num rápido olhar é possível notar que em todas as celebrações de fundo mariano, Jesus é o centro. Todos os mistérios dos quais Maria é partícipe se referem a Cristo. Assim, na liturgia, na oração da Igreja e na fé popular, Maria e Jesus estão intimamente unidos. Mãe e Filho numa perfeita harmonia e sintonia presentes agora, neste tempo, no mistério da Igreja.

A Igreja perpetua a ação salvífica do Redentor e faz chegar agora, neste momento, para mim e você, a graça que foi conquistada na paixão, morte e ressurreição do Senhor. Não se trata de um teatro, uma encenação, uma alegoria, mas, de fato, Cristo pela Igreja continua salvando a humanidade em todo tempo e lugar.

Portanto, Maria, a primeira discípula missionária de Jesus Cristo, Mãe de Deus e da Igreja, é o modelo perfeito de todo cristão. Como ela e por meio dela se pode chegar à perfeição cristã configurando a Jesus e alcançando a santidade tão desejada por Deus e pelos homens de boa vontade. Caminhemos, pois, na escola de Maria, pois ela é caminho certo e seguro a Jesus.

Vivendo a fé: todas as Nossas Senhoras

Saber o lugar que Maria ocupa na fé é essencial para quem deseja ser verdadeiro discípulo de Jesus. Não há disputa entre Mãe e Filho, não há ciúmes entre eles e nem mesmo interesse em ter holofotes mais em um do que no outro. Ambos, e cada qual em seu lugar, têm o que lhes é próprio e realizam o seu papel na História da Salvação. Maria é serva, e por isso se tornou rainha. Jesus, verdadeiro Deus, se tornou verdadeiro homem para dar sua vida pela nossa salvação. Mãe e Filho numa perfeita harmonia. Assim, neste último encontro celebrativo, é importante que encontremos em Maria uma mãe amorosa, uma pedagoga da fé, uma discípula perfeita que nos ajudará a trilhar os caminhos da perfeição cristã.

Maria do povo de Deus, Mãe da Igreja, que caminha conosco em cada momento da história e da vida particular de cada batizado que busca ser fiel a Cristo e a sua Igreja.

Para este momento deve-se preparar:

1. Bíblia – uma para cada participante;
2. Folhas A4 ou outro papel;
3. Canetas ou lápis para todos os participantes;
4. Selecionar as músicas:
5. Preparar as músicas:

　a) **Primeira Cristã** (Pe. Zezinho). Disponível em: https://www.youtube.com/watch?v=wOHIBDrgh5E&ab_channel=IvyKuns

　b) **Maria, minha mãe** (Pe. Joãozinho). Disponível em: https://www.youtube.com/watch?v=rfKRSeNLAUg&ab_channel=Paulinas-COMEP

　c) **Ensina teu povo a rezar** (Pe. Zezinho). Disponível em: https://www.youtube.com/watch?v=NjRCQPq5VoM&ab_channel=RADIOFAMILIASERTANEJADEMANAUS

6. Desenvolvimento:

- Prepare as passagens bíblicas que narram alguns mistérios do Santo Rosário (você poderá escolher dentre as que foram citadas. Sugiro acompanhar o tempo litúrgico. Exemplo: no tempo do advento os Mistérios Gozosos. No tempo da Quaresma os Mistérios Dolorosos etc.).

- No início, após a acolhida e a oração inicial, apresentar a pessoa de Maria como primeira cristã e modelo de todo cristão. Abrir a conversa por meio dos mistérios do terço e identificar os sinais de discipulado e missionariedade de Maria em cada um. Cada mistério escolhido deve ser meditado com a passagem bíblica. Atenção: não se trata neste encontro de rezar o terço, mas de meditar e catequizar a partir dos mistérios do terço. Ouvir e meditar a música *Primeira cristã*.

- Em seguida, falar de Maria na Igreja, figura materna e protótipo do povo de Deus. Falar um pouco do mistério da Igreja – Corpo de Cristo – e de sua ação na perpetuação da redenção salvadora. Dispor Maria como membro da Igreja e seu lugar de levar os filhos da Igreja até Jesus. Meditar a canção *Ensina teu povo a rezar*.

- Por fim, abrir a palavra para que cada participante possa falar um pouco sobre sua experiência de fé por meio de Maria. Deixar as pessoas falarem, ter paciência para ouvir, mas cuidar para que o assunto não se desvirtue. Terminar com a música do Pe. Joãozinho, SCJ: *Maria, minha mãe*.

- Encerrar o encontro com oração, conforme o costume.

Conclusão

E por falar em Maria! Sobre qual Maria? Penso que se chegou até aqui você já tenha todas as respostas bem fundamentadas. Afinal, após este longo percurso, podemos seguramente dizer que a conhecemos com maior grau de intimidade. Aquela Maria que tanto já ouvimos falar, agora tomou rosto, forma, identidade. Saímos de um conhecimento prévio para entrar na profunda amizade. Espero que você tenha alcançado este grau de vinculação com a Mãe de Deus e nossa, pois essa é a proposta deste itinerário.

Assim, após caminhar entre estes conceitos teóricos, aprendemos um pouco mais de teologia e mariologia; conhecemos palavras novas, expressões e descobrimos tantos tesouros da fé! Sabemos que o papel de Maria foi mais fundamental na História da Salvação do que até então imaginávamos.

Vimos que a Bíblia está repleta de passagens que se referem a Maria. Identificamos sua pessoa a partir da própria Sagrada Escritura. Conhecemos o que a Sagrada Tradição e os Concílios transmitiram até nós. Aprendemos sobre os dogmas e vimos a importância deles nas resoluções de fé. Vimos, ainda, o quanto as devoções populares representam um caminho inicial para a experiência de fé e o lugar importante que ocupam nas pastorais e atividades do dia a dia como um caminho da experiência religiosa.

Assim, ao concluirmos este percurso, concretamente entendemos o quão é importante a pessoa de Maria para os cristãos e quanto sua figura ainda cativa e convida ao seguimento de seu Filho, Nosso Senhor Jesus Cristo. Não se pode ignorar este dado de fé: em muitas comunidades e para muitas pessoas sua primeira experiência de fé se deu por meio das devoções populares e, muito especialmente, aquelas dedicadas a Nossa Senhora.

Para o caminho de iniciação cristã, sobretudo católico, fechar os olhos aos relevantes dados marianos que se apresentam é deixar de lado o processo real pelo qual a fé é transmitida dentro das famílias de geração em geração. Maria continua a ser a porta de entrada à fé. E muitos ainda chegam às fileiras da Igreja por meio dessa devoção afetiva que receberam na infância e que ao longo do tempo foram amadurecendo.

Não tenhamos medo de falar de Maria! Não sejamos receosos em anunciar as maravilhas que Deus fez a sua filha predileta! Não caiamos na tentação de querer tirar Maria ou deixá-la de lado, pois, se assim for, correremos o risco de minar a iniciação cristã nas bases primárias da catequese e nas primícias da transmissão da fé.

Sejamos bons catequistas e evangelizadores capazes de colher estes dados da realidade e da fé cotidiana vivida concretamente pelo povo de Deus para, a partir deles, convidar à experiência mais profunda de conhecimento e difusão dos valores fundamentais da fé.

Ad Iesum per Mariam – vamos a Jesus por meio de Maria. Pois, se em seus mistérios insondáveis quis o Senhor Nosso Deus que seu Filho nascesse e viesse ao mundo por meio de uma mulher escolhida e preparada para tal missão, ainda hoje, a graça redentora tem como porta inicial aquela que por primeiro disse: eis-me aqui! Se uma vez Deus veio ao mundo por Maria, ainda hoje, como por força de atração, o mundo tem procurado a Deus por meio dela.

Caminhemos, pois, confiantes. Guiados por Maria e com olhos fixos em Jesus!

Glossário

Ano Litúrgico: é a perpetuação do Mistério Redentor de Cristo. Todos os anos a Igreja celebra os eventos da salvação cumprindo o que Jesus mandou: fazei isso em memória de mim.

Arquétipo: modelo, paradigma, padrão a ser seguido.

Concílio: reunião, assembleia, conselho para determinar ou deliberar um assunto importante. Reunião de Bispos e delegados convocada e presidida pelo Papa para tratar e determinar assuntos de fé, costumes, doutrina ou disciplina eclesiástica.

Coprotagonista: aquele que partilha o papel principal em uma história ou cena. É o que tem relação mais próxima e íntima com o que ocupa o papel central.

Cristológico: deriva de Cristologia – referente a Cristo. Matéria teológica que estuda a pessoa de Jesus Cristo. Tendo Cristo como centro.

Depósito da Fé: do latim – *Depositum Fidei*: é o tesouro da Tradição e dos ensinamentos dados por Jesus aos Apóstolos e a seus legítimos sucessores que ao longo do tempo e da história formam o conteúdo central da Revelação e da fé.

Devoção popular: são práticas exteriores de piedade que manifestam e demonstram a fé para além dos atos litúrgicos e cerimônias oficiais.

Diáspora: dispersão dos povos pelo mundo, especialmente do povo Judeu.

Dogma: ponto fundamental da fé ou de uma doutrina. Uma resolução irrefutável. Algo já discutido e estudado e que chegou à resolução.

Dogmas marianos: são verdades, resoluções de fé sobre a pessoa de Maria. São quatro os dogmas marianos.

Eclesiológico: referente à Igreja. Do latim *Ecclesia*: estudo teológico sobre a Igreja. Tudo o que se refere à Igreja.

Epílogo: desfecho, final, recapitulação e resumo de toda a ação, remate.

Escatológico: deriva de escatologia. Trata-se das realizações últimas, no fim dos tempos, quando tudo for concluído e chamado a Deus. Ramo de estudo da teologia.

Escolástica: este termo se refere à produção intelectual – seja ela filosófica, teológica ou cultural – que ocorreu na Idade Média. Destacam-se grandes pensadores e estudiosos das ciências naturais e da Teologia. Santo Tomás de Aquino é um baluarte deste período.

Escopo: alvo, ponto em que se mira, a razão de algo, o porquê de alguma coisa.

Exegese: dissertação, estudo, que tem por objetivo esclarecer ou interpretar minuciosamente um texto, uma palavra ou uma perícope.

Exegeta: aquele que se dedica e realiza exegese, estudioso, intérprete.

Festas: após as solenidades elas são as mais importantes em grau. Celebram algum evento ou alguém que deixou uma marca de seguimento de Cristo.

Heresia: do latim *Haeresis*: pensamento contrário aos conceitos estabelecidos. Divergência entre os pontos importantes e determinantes de alguma área do conhecimento.

História Soteriológica: significa História da Salvação.

Ícone: raiz de iconografia – representação dos personagens ou das cenas sagradas. Mosaicos, objetos sagrados. Representação artística e cultural das figuras sagradas. Pinturas, quadros representando o sagrado.

Iconografia: a representação visual de símbolos. Gênero de arte. Imagens, peças, pinturas, esculturas artísticas. Aquilo que simboliza além do meramente visual.

Iniciação à Vida Cristã: trata-se do processo de transmissão da fé. Apresentar a pessoa de Jesus Cristo e sua proposta de seguimento.

Intercessão: intervir, auxiliar, ajudar. A intercessão tem caráter de socorro, prestar ajuda quando alguém está necessitado.

Mariologia: disciplina da Teologia que se dedica ao estudo e à pessoa de Maria no mistério da salvação. Maria + logia. Há também outras variações como: marialogia etc.

Mediação redentora: trata-se da única mediação feita por Cristo ao Pai. Pelo sacrifício de Jesus – o sangue da nova e eterna aliança – nos foi conquistada a salvação e remissão dos pecados.

Memória facultativa: trata-se de uma memória na qual não está toda a Igreja obrigada a celebrar, mas vincula somente algumas comunidades específicas e, aos outros, deixa a faculdade, a liberdade de escolha, em celebrar ou não.

Mistérios do Terço: são uma forma de meditar os eventos da salvação. Pelos chamados "mistérios do rosário" contemplamos e rezamos todos os principais eventos da encarnação, ministérios, paixão, morte e ressurreição do Senhor.

Padres da Igreja: trata-se de uma expressão teológica. Também sinônima de Padres Apostólicos e Pais da Igreja. Foram influentes teólogos e estudiosos. Verdadeiros mestres cristãos, na maior parte bispos, que transmitiram e guardaram a fé e por meio da intelecção lançaram os fundamentos da razão do crer.

Patrística: relativo aos Padres da Igreja – período histórico entre a Antiguidade e a Idade Média. Marcado pela filosofia e a teologia e o início da fundamentação da fé. Tempo em que viveram os Padres da Igreja.

Perícope: pequena parte de um todo, trecho destacado, pedaço de algo maior.

Prefigurativo: representação antecipada, aquilo que está por vir. Que apresenta antecipadamente.

Prólogo: trata-se de uma introdução ao tema central, elementos precedentes ou elucidativos ao assunto principal.

Protagonista: o personagem mais importante, aquele que se destaca na cena ou na história.

Protoevangelho: proto = primeiro, início; evangelho = boa notícia. A boa notícia dita por Deus ao homem pela primeira vez. O primeiro anúncio da salvação.

Protótipo: original, primeiro criado, modelo padrão, feito pela primeira vez.

Redenção: remissão. Render, livrar, libertar. Cristo nos rendeu da prisão do pecado, nos remiu, perdoou nossas culpas.

Revelação: dar-se a conhecer. Desvelar. Para a Teologia é o meio pelo qual Deus se mostrou aos homens, fez com que soubessem de sua existência. Fez saber sua vontade e se entregou ao relacionamento. Primeiro pelos profetas e por fim na plenitude total em Jesus Cristo.

Sagrada Escritura: é o termo dogmático para se referir aos Textos Sagrados. Comumente identificados como a Bíblia Sagrada.

Sagrada Tradição: trata-se de um conceito normativo, uma referência dogmática, que consiste no conteúdo da fé que foi transmitido por Cristo aos Apóstolos e estes aos outros ao longo dos séculos.

Sagrado Magistério: refere-se ao Colégio Apostólico. O Papa, sucessor de Pedro, e os Bispos em plena comunhão com ele. Assim como o grupo dos Doze Apóstolos sob a liderança de Pedro iniciaram a pregação, essa autoridade foi transmitida a seus sucessores que receberam a missão de guardar, conservar e transmitir as verdades da fé.

Sinótico: sintético, que faz uma análise de conjunto. Na linguagem coloquial: parecido.

Solenidade: são as celebrações mais importantes e solenes do tempo litúrgico. Trata-se do dia em que se celebra um acontecimento importante da salvação, um santo de destaque por seu exemplo de seguimento de Cristo ou um mistério da fé de alto grau.

Teologia: é um discurso sobre Deus. *Teo + logia*. Trata-se de uma ciência que estuda os mistérios de Deus a partir da revelação.

Theotókos: palavra da língua grega que significa Mãe de Deus, portadora de Deus. Título dado à Virgem Maria desde as origens do cristianismo.

Títulos marianos: são invocações e atribuições dadas à pessoa de Maria para ressaltar alguma característica própria ou algum evento importante da História da Salvação da qual ela faz parte.

Referências

AGOSTINHO. **Comentários a São João I – Evangelho e Homilias**. São Paulo: Paulus, 2002.

BÍBLIA SAGRADA. Tradução oficial da CNBB. 2. ed. Brasília, 2019.

GAMBERO, L. **Mary and the fathers of the church – The blessed virgin Mary in patristic thought**. São Francisco, 1999.

IRINEU. **Contra as heresias**. São Paulo: Paulus, 1995.

MISSAL ROMANO. 10. ed. São Paulo: Paulus, 2006.

CELAM. **Documento de Aparecida**. São Paulo: Paulus, 2007.

CNBB. **Iniciação à Vida Cristã – Itinerário para formar discípulos missionários**. 2. ed. Brasília: Ed. CNBB, 2017.

JOÃO PAULO II. **Carta Apostólica *Rosarium Virginis Mariae* – Sobre o Rosário**. 11. ed. São Paulo: Paulus, 2012.

SANTA SÉ. **Constituição Dogmática *Lumen Gentium* do Concílio Vaticano II**. Disponível em: https://www.vatican.va/archive/hist_councils/ii_vatican_council/documents/vat-ii_const_19641121_lumen-gentium_po.html – Acesso em: 22/03/2022.

Conecte-se conosco:

 facebook.com/editoravozes

 @editoravozes

 @editora_vozes

 youtube.com/editoravozes

 +55 24 2233-9033

www.vozes.com.br

Conheça nossas lojas:
www.livrariavozes.com.br

Belo Horizonte – Brasília – Campinas – Cuiabá – Curitiba
Fortaleza – Juiz de Fora – Petrópolis – Recife – São Paulo

  Vozes de Bolso

EDITORA VOZES LTDA.
Rua Frei Luís, 100 – Centro – Cep 25689-900 – Petrópolis, RJ
Tel.: (24) 2233-9000 – E-mail: vendas@vozes.com.br